校长履新 100 天

如何快速构建新学校凝聚力、执行力、发展力

◎ 夏雪梅 熊华夏/著

THE NEW LEADER'S 100-DAY ACTION PLAN

How to Take Charge, Build or Merge Your Team, And Get Immediate Results

校长履新，构建有效领导力值得信赖的实用手册

谢矜　熊丙奇　李镇西　刘莘
诚意推荐

四川大学出版社
SICHUAN UNIVERSITY PRESS

项目策划：梁　胜
责任编辑：梁　胜
责任校对：陈　纯
封面设计：墨创文化
责任印制：王　炜

图书在版编目（CIP）数据

校长履新 100 天 / 夏雪梅，熊华夏著. — 成都：四川大学出版社，2021.5
（名师教育丛书）
ISBN 978-7-5690-3899-6

Ⅰ. ①校… Ⅱ. ①夏… ②熊… Ⅲ. ①小学－校长－学校管理－研究 Ⅳ. ①G627.1

中国版本图书馆 CIP 数据核字 (2020) 第 188243 号

书名	校长履新 100 天	
	XIAOZHANG LÜXIN 100TIAN	
著　者	夏雪梅　熊华夏	
出　版	四川大学出版社	
地　址	成都市一环路南一段 24 号（610065）	
发　行	四川大学出版社	
书　号	ISBN 978-7-5690-3899-6	
印前制作	四川胜翔数码印务设计有限公司	
印　刷	四川盛图彩色印刷有限公司	
成品尺寸	170mm×240mm	
印　张	19.75	
字　数	272 千字	
版　次	2021 年 5 月第 1 版	
印　次	2021 年 5 月第 1 次印刷	
定　价	68.00 元	

版权所有 ◆ 侵权必究

◆ 读者邮购本书，请与本社发行科联系。
　电话：(028)85408408/(028)85401670/
　(028)86408023　邮政编码：610065
◆ 本社图书如有印装质量问题，请寄回出版社调换。
◆ 网址：http://press.scu.edu.cn

四川大学出版社
微信公众号

代序一　品读夏雪梅校长的育人与治校理念

一、初识"七德七力",点赞课程育人

初识夏雪梅校长,是在2019年4月清华大学青少年德育研究中心成立暨立德树人与"三全育人"学术研讨会上。我们中心的"核心素养指标体系与学校实践研究"团队邀请了北京、江西、四川等地参与调研的大中小学交流、分享德育实践案例和经验,夏校长带领的双华小学是其中的交流学校之一。她在会上分享了双华小学"基于文化视野的'七德七力'课程"。作为一所农村小学,该校教师、家长通过交流讨论形式,结合生命教育的理念和校园的竹文化特色,凝练出"润·节"文化核心,提出培养有竹德、会当家的现代儿童;以生命德育校本课程体系为载体,构建培养学生和、雅、谦、惠、韧、劲、节七种必备品格和担当力、思辨力、行动力、表达力、抗挫力、协调力、创新力七种关键能力的德育体系和综合素质评价系统。

夏校长生动的交流发言,让我对双华小学的校本课程开发与实施印象深刻。她在调入双华小学后亲自带领教师团队,围绕培养"全面发展的人"这一理念,研发"竹娃宝贝校本课程",形成基于教材的基础课程、以德育活动为载体的拓展课程和校本研究性课程的层层递进的生命教育校本课程体系,将社会主义核心价值观与中国学生发展核心素养有机融入双华小学的育人目标和办学理念之中，体现在课程细节上。

2019年12月10日，夏校长调任成都市双流区协和实验小学校长后，继续拓展课程育人体系。履新第6天，"与孩子们第一次见面就是一个德育课程，我要利用好这个课程，达到让孩子们迅速记住我，接纳我的目的，同时培养孩子积极向上的品性和善于质疑的能力"；履新第23天，"为每个学段的家长构建不同的家长课程……把办学愿景传递给每位家长，明其责任，协同教育"。她将承载育人功能的各项活动联结成有序的课程体系，时时处处传递育人理念。

二、再见"润·节"竹文化，体验文化育人

2019年11月，我们中心"德育一体化学段衔接与学校社区协同机制研究"和"核心素养指标体系与学校实践研究"两个项目组联合到成都市双流区双华小学调研。夏校长介绍双华小学是一所位于城乡接合部的农村小学，我们看到校园里竹林葱郁，教学楼内外展示着破土季、成竹季、凌云季的"竹娃"代言人，在专门设计的"能量超市"内学生可以用记录"竹七德""竹七力"点滴成长的雨露币兑换有校园特色的纪念品。这些无处不在的"润·节"竹文化传递着学校的办学理念和育人目标。

校园是学生学习、交往的空间，校园文化依托环境、景观等显性载体与读书氛围、校风等隐性载体，渗透于学生的日常生活。夏校长因地制宜，在学校的地域特色中挖掘文化内涵，将办学理念和育人目标融入其中，让校园处处成为育人场所。

"带着问题去游学"。履新第4天，夏校长带着协和实验小学的管理层到她曾经精心设计的双华校园走访，将凝聚共识，为学校更好地发展的问题交给管理层思考。

三、连线研讨会，感受治校效率

我们到双华小学调研后不久，夏校长就调任成都市双流区协和实验小学校长。基于良好的合作基础，中心"德育一体化学段衔接与学校社区协同机制研究"和"核心素养指标体系与学校实践研究"两个项目组希望继续以夏校长领导的学校为调研点，收集德育实践和测评信息，于是就有了在新型冠状病毒性肺炎防控期间我们中心与协和实验小学的线上线下混合式"基于互联网德育教育和评测试点"研讨会。精心准备的交流材料和有序的现场组织，让我深刻感受到夏校长履新不到3个月的治校效率。

为应对疫情带来的学习方式改变、心理焦虑等问题，夏校长领导新团队，遵循"五育并举"，迅速设计出以社会情怀、学业指导、健康卫生、特长培养、劳动习惯构成的"五位一体，居家习惯养成德育课程"，体现了她对"立德树人"根本任务的深刻理解，"疫情面前，校长要有所为"的责任担当，"从上到下，贯彻落实"的行动能力，"一手抓疫情防控，一手抓教育教学"的统筹协调能力。

四、字里行间，品读育人与治校情怀

五一小长假结束，我收到夏校长的《校长履新100天》书稿，书稿以日记的形式记录了她调任协和实验小学后的工作、读书和思考，平实的文字，朴素的感情，延续着她在双华小学期间课程育人和文化育人的实践，充满了她对"以学生为中心"的理解与探索，对学校管理的认知与行动。

"把与'孩子的第一次见面'当作课程""让'毕业出口'有质量""特色课程要有'特色'""教育在细节中，育人在显微处""实现真正意义上的学生第一""给孩子们写封信""课程的背后是学生""一个孩子都不落下""谁来写校名"……娓娓道来的一串串文字，夏校长"期待我能走进孩子们的心里，开发他们的潜能，让每一个生命都绽放精彩"的"以学生为中心"的育人理念跃然纸上；"学校没有'副科'教师""让每个学科都有尊严地存在""好学校一定会做融合教育""学校

发展，家长也是主角"，无不展示出她对全员、全过程、全方位育人的重视。

"党建引领学校高品质发展""规范行政会""让会议有敬畏感""给行政人员开设文化课程""学校管理系统'再造'""学会做一份科学的期末行事历""开好校长办公会""管理的创新""项目式推进工作是最好的放权""对中层干部的管理要学会放手""'社区—学校'共建、共治、共享""提升校长教育信息化领导力"……可以看到夏校长以高度的政治责任感和科学管理的规范，于细微处推动高品质学校的建设；"参与教研，走近教师""用好绩效考核这一评价标准""让临聘教师有归属感、价值感、幸福感""善待教师、学生第二""办让老师有幸福感的学校"……她用行动"带动一线的每位老师明白学校变革的走向，参与到学校的治理工作中来，找到自己的位置，明白自己的努力方向"。

履新第35天，夏校长"领航逐梦，智见未来"的结语是"我看到了新时代领航校长的样态，那就是，有知识、有情怀、有能力、有远见、有担当。在新的学校，我努力做到"。在《校长履新100天》中，相信大家会在那些平实的小故事里看到夏雪梅校长践行新时代领航校长的样态。

谢矜

清华大学公共管理学院党委副书记兼副院长

清华大学青少年德育研究中心执行主任

2020年5月10日

代序二　关键行为背后的逻辑

《校长履新100天》揭示了一所学校不断整合内外部资源的发展历程，也是当代中国特别是成都市双流区新优质学校进化的缩影。该书带给读者的价值，不是夏雪梅校长为了回忆短短100天的履新历史，更重要的是借假修真，能够把双流区协和实验小学发展过程中，校长每一次关键行为背后的思考逻辑，以及怎样做的实践抽象出来，引发读者更多的思考。

学校发展过程是不断把外部机遇和学校内部能力相结合的一个过程，也就是内部和外部的两个匹配。对外要观察当代教育发展趋势，抓住各种发展机遇，做好自己的发展选择和深化改革。近十年来，双流均衡教育、内涵式发展、教师研修基地校、新优质学校、精细化管理、阳光体育学校、国际化窗口学校等评选都是一些不错的发展契机。校长的作用不仅是为学校争得一块名誉招牌，而是真正把学校发展带起来，使之产生更多的发展自驱力。雪梅校长是我认识的校长中对教育政策、教育指标性文件解读较多、较专注的人。她不仅自己读，还组织相关老师一起学习，因而很快在组织行为中会看到她对政策文件精神的应用。在书中，读者会发现她对这些文件精神和内容如数家珍。这对想提升政策专业度的读者大有裨益。除了了解文件，雪梅校长还特别关注与影响学校发展的相关单位的共建。10年前,她刚担任胜利小学校长时就提出了"三个开放"——学校要向家长开放、向社区开放、向社会开放。开放就是要互动交流,要带动资源的优化配置。校长要向相关单位或组织描述学校发展愿景和发展价值,包括学校文化、办学思路、具体措施等,这会为学校发展赢得更多机遇。

对内是自己和学校的不断匹配,提升团队组织管理能力,也就是解决学校教职员工能力提升的问题。对内对外有机结合在一起,就像两个齿轮咬合在一起,能够带动一个学校的发展,也就是要科学规划学校三到五年的发展。从雪梅校长娓娓道来的叙述中,我们可以感受到她胸中有蓝图,手中有方寸。组织文化建设首先是文化的传承。需要校长总结提炼学校中已经形成的优秀基因,传承下来并且发扬光大。当办学的规模越来越大的时候,我们会发现,在信息传递的过程中文化会被稀释,信息会有层层衰减,所以为避免这种情况出现就要解决学校文化中的愿景、使命、价值观问题。书中可见雪梅校长履新协和实验小学围绕"怡心"教育主张所做的文化思考。其次是规划落地。学校制定了发展规划,这个规划怎么落到地上呢?肯定不能只有业务分解。在业务分解过程中,人员愿不愿意来干?他们具不具备这个能力?现在的队伍里有没有这样的人,如果没有,该怎么解决?这就是规划落地的方向。再次是组织能力的提升。解决跟不上的问题需要有一套体系把很多事情定下来。

文化传承、规划落地、组织能力提升就是道和术的关系。道就是愿景、使命、价值观。愿景是把学校发展到什么样的程度。比如我公司的发展愿景是"真诚地寻找、发掘和陪伴未来新教育家"。使命就是初心,要时刻叩问自己,带领这所学校发展的初心是什么?价值观不是贴在墙上的口号,是能把学校从此岸带到彼岸的信条,是通过行为落到考核、落到全体教职员工血液里的东西。在书中我们可以看到雪梅校长带领学校中层、年级组长、学科组长和部分一线教师参观双华小学的事例,这就是先让组织成员了解文化传承和落地的重要性，并且把这件事提上日程。确立学校愿景、使命、价值观之后应该做什么呢？第一是做好学校发展规划，第二是做好学校工作计划。发展规划一般是三到五年的，工作计划通常是一周、一月、一期、一年的。规划和计划要落实到人。第一是排兵布阵，把人才盘点出来，明确具体负责人的职能、职责、职权，明确办事的流程和规程。我从雪梅校长对"建立台账"与"销号"游刃有余的运用中，可以看到她对双流区教育局精细化管理文件的深刻理解。第二是要操练。要在实战中练兵，要制定学校的管理制度。最重要的政策和制度是什么呢？首先，是跟工作完成指标相关的绩效制度。书中可见雪梅校长和副校长对绩效考核制度研制的情形，对各职能部门重要人员的实践操练。其次，是财务预算制度。再次，就是一些处罚和奖励相关的条例。三年以后，这些就会成为推动学校发展的最大动力，也会成为学校发展的主要阻力。

从该书中我们总结出一个好校长的基本特征：第一，有品牌宣传能力，对外可描绘学校发展愿景、品牌价值和竞争力；第二，有内外资源整合力，争取资源配置和发展空间上的支持；第三，有精神引领力，对内会定规划、做成员的精神领袖，有组织管理能力。其中，定发展规划、整合政策资源、做精神领袖这三件事是必须的。聚焦一下怎样提高一群人的组织管理能力？第一，是解决员工愿不愿干的问题。第二，是能不能的问题。第三，是组织环境。公平的、透明的、激励人的环境会促使人的奋发向上。因此，提高一群人的组织管理能力的关键是思想、能力、绩效政策。管理者要有三板斧：会动员人、会教人、会搞团队活动。这三件事难不难？我觉得非常难，尤其是第二条最难。我每次见雪梅校长都会看到她上下班的随身物品中一定会有书。这一点我们从书中也可以看到，她只要有时间就会读书，她描述自己读书叫"酣读"。我脑袋中对"酣"的理解往往是跟大睡在一起，比如"香梦沉酣"。就像研读文件一样，她不光自己"酣读",还把相应的书推到相应的人那里,让别人与她一起读,读完之后还要与人探讨。《校长履新100天》中有一篇是学校财务主任汪老师的读后感,很有喜感。他记录了当时雪梅校长推荐给他读书的情形——在书上郑重写上自己的名字(证明是自己所有),提醒看完后必须归还,还要写读后收获及工作计划改进的方向。汪主任也就是从这次读书中理解了校长着急梳理学校文化的原因,以及带着一帮人做课程的目的和情怀,也知道了在课程建设中他有着不可或缺的支持与保障作用。这只是雪梅校长在学校发展中解决共识问题的一个小故事。接着是能力问题。中层干部需要什么能力?年级组长需要什么能力?一线教师需要什么能力?要把合适的人放在合适的位置上。对组织所有成员的优点缺点都要了然于心。当发现学校某些专业课没人会做的时候,一定要找到组织外会做的人带着做;当发现组织成员能力不够的时候,就一定要开设相应的教师课程进行培训,并让成员边读书边实践,边实践边创新;当发现组织成员能力还可以,但缺乏锻炼,自信不足的时候,就想办法去激励他们,给机会和平台去锻炼他们。从倡导到指导再到督导,就成了雪梅校长与老师们一同成长的法宝。

前几天有位新校长在写述职报告的时候打电话问我办学思路怎么写。我说你可以看看雪梅校长2018年出版的《深耕学校文化》一书,或许她的"532"思维模型对你有启发。挂掉电话,我想到雪梅校长在为双流区胜利小学做的三年发展规划纲要中应该有这部分内容的阐述。我于是在电脑上搜索了一下,结果被电脑上显示出来的文件着实震惊了一下:《双流县胜利小学五年发展规划纲要》竟然一直做到23稿。这虽不能说是千锤百炼但也是够烧脑的。这个像陀螺一样的女人真是屡屡让我佩服啊!我感觉她对一个想要弄懂的领域总是孜孜不倦,比如她在书中提到的教师绩效制度、学校财产管理等。由此可见,农村学校校长领航班的校长真不是一般人能干的,那确实需要有点非凡的能力才干得好的。

最近有一次,我参加雪梅校长组织的六个年级部分教师"学生综合素质评价课程"研讨会。因为有六个年级的教师参与,会议持续了几个小时,到后面我大脑都有点溜号。被拉回来的时候是在听她讲第一、第二、第三时,一年级报、二年级报……会议成果是她把之前一直老大难的德育活动系统化的问题差不多理清楚了。此外,在此之前她还规划出了德育评价的1.0~3.0版。

该书将带给可能同样是履新校长的读者三个价值:第一,在一个连续的时间轴上一步步推动学校内外资源匹配、学校组织文化的实践参考;第二,常态事务性工作与专业研修工作同步推进的实践参考;第三,体验有条不紊的智慧和"教育近人,怡心生长"的悠悠情怀。这是雪梅校长不懈的追求,也是她独特的工作方式和魅力——一个自己发着光并照亮别人的人。

愿你有福,得享此书。

成都一鸣堂文化创始人　马昕

2020年8月

代序三　女儿眼中的妈妈

按理来说，应该由妈妈一人为本书画上一个圆满的句号，但妈妈思考再三，用她的话说，考虑到我帮她整理书稿，也是辅助她创作最近的人，于是问我是否愿意成为"收尾人"之一。

忐忑而又荣幸，被人信任的感觉是欣喜的、雀跃的，但也是有些压力的。

这是妈妈的第三本书，因为疫情爆发，大学延期开学，我才第一次有机会和妈妈在同一空间里，同步同频同时见证她的创作过程。今天是我第三次校阅全文，通读全文之后，依旧感动。我们身处的时代崇尚效率、速食、便捷，创造信息似乎比留住信息容易许多，妈妈不仅能坚持及时思考、每日复盘并且还能将这些感悟用文字记录下来，这真的令我佩服。记得多少个居家隔离的夜晚，我深夜醒来，睡眼朦胧间看到书房的台灯依旧亮着，蹑手蹑脚地趴到门栏边上问：

"妈妈，还不睡？"

"履新日记，勿扰。"

本书的每篇文章各自独立，但是整本书始终有一条主线在指引行文，倒不是文字结构上的教条，而是我发现妈妈一直遵循着遇到问题—提出问题—分析问题—尝试解决问题的科学认知规律在往前走。妈妈写的是一本履新日记，于读者尤其是广大校长同仁来说这更像是一本实用手册、一位新任校长的成长之路。

在整理和修改本书的过程中，妈妈的履新日记启发我关注新任小学校长群体，为我的毕业论文选题找到了一些方向。新任小学校长在被正式任命之前，大多都扎根在教育教学的土壤中，拥有丰富的专业经验，其所经历的教育形态与获取知识的途径是"教师角色"导向的。面对角色转变连带的一系列变化，新任小学校长如何应对从自我管理转变到团队管理，如何从有人负责切换到由我负责，如何面对"教育家、专业人才、复合人才、管理人才"等多重角色期待，如何面对角色超载和能力瓶颈等角色困境，如何跳出"盲目跟风、无力协调、单打独斗"等角色怪圈，又如何建构基于校长角色身份的认同是值得关注和思考的，妈妈作为鲜活的个案带给我许多启发和感悟。

当然在和妈妈讨论时，我们也谈到本书存在的一些遗憾和不足。作为教育一线工作者，我们对履新行为背后的理论升华还不够，如何更完美地从个人经验过渡到群体经验，从经验理性走向学术理性，从个案思考辐射到对更广泛的社会教育问题的关注是值得我们努力的。

教育是一份"慢"事业，教育中的人不能心急；教育还是一件聚众人之力的事业，而召集各方力量的"吹号人"就是校长。愿在智慧且有爱的校长号召下，每一位成年人能幸福而谦卑地弯腰，铸成生命之弓箭；愿我们的学生是那离弦的生命之矢，快乐美满地飞向未来。

熊华夏

2020年5月于成都

自　序

今天，是我履新协和实验小学第100天，回顾这100天的时光，记忆如雪花，冉冉飘落。是呀，那是我和这所新学校从相知，到相识，再到相爱的旅程。100天，是短暂的。然而，恰恰是这段短暂的时光，氤氲了未来学校办学的气质和性格，赋予了校长履新的初心和愿景。未来无论人员更迭，琐事纷扰，依旧能够秉承初心，矢志不渝。这说明，初始的关键事件，会深刻影响学校未来的办学成效。因为，校长履新本质上是校长与新学校的人事关系、办学要素等之间彼此认知、定位、理解、融入、共生的过程，未来学校对事件的处理方式，是在传统基础上的延续和继承。整个学校发展的体制和机制，会表现出一种高度的路径依赖。假如，新校长一开始能够前瞻性地为学校将来的发展谋篇布局，奠定基本的管理基调，以及描绘核心的发展愿景。那么，学校未来的发展会遵循制度惯性，依照起初的设计进入发展的快车道，即社会学家邓肯·沃茨所说的积累优势，一旦一件事物取得合法性，并开始流行，那它往往会变得更流行。例如，新校长一上任就体现出一种民主的管理作风，表现出强烈的亲和力，就会迅速获得团队成员的接纳和认同，同时，激发成员的工作热情。这种初始期待，会在以后的工作中进一步强化团队的凝聚力和向心力。

因此，初始的团队氛围营造和工作机制设计，具有突出的价值和意义。正如古语有云，"千里之行，始于足下；九层之台，起于垒土；合抱之木，生于毫末"。好的开始，会增加后面成功的概率。所以，我告诉自己要高度重视这履新的100天。

假如教育是片大海，那么，自己就是那海滩上捡贝壳的孩子，无数次地被那五彩斑斓的海星所惊讶，一次又一次地为拾到形状各异的海螺而欢喜，同时，又为能集得满满一大盒贝壳而憧憬……这种情怀，恰是教育带给我的感动与浪漫。她是一片海，温柔的清波里有着幸福的游荡，宽广的海床上有着生命的勃发，跃起的浪花里讲着幸福的童话。因为，大海恰似生命，像极了教育。教育面对是鲜活的生命，教育是关于人的学问，无论是以教育学为人学的学科立论，还是教师、学生走到学校、课堂中央的教育改革，都使得对生命的关照、对人的关怀成了伴随教育活动始终的本质要求。

2019年12月10日，我从双华小学调任协和实验小学校长，工作的变更虽然来得很突然，但在胜利小学4年校长、双华小学5年校长的成长历练，以及农村学校校长领航班的学习经历，让我从容不迫地接受了这一次工作的变动。心中有情怀，脑子有思想，行动有方法，在哪儿都是教书育人，这便是我履新的底气。履新的第一天晚上，我给自己定了两条治理学校原则：一是把教育办到离孩子最近的地方，二是把管理做到离老师最近的地方。这是我当9年校长以来沉淀的办学思想，也是我作为校长，一直崇尚生命教育、办"真"教育的个性化诠释，更是在农村领航班学习期间的所思、所想、所感、所悟。近一年的理论学习和实践观摩，让我有机会能走出自己的"一亩三分地"，突破眼界的狭隘，不断扩展知识的边界，走出成都看教育，更看到了新时代学校发展的各类生态、区域间存在的教育差异，也看清了教育的本来和未来。

如何快速融入新的工作环境，同心同德，体现"真"的教育，办有"生命"的学校？我有了思考。

回顾中小学校发展历程，大体可分为三个阶段：均衡、优质、品质。在均衡阶段，主要是在教育公平思想和教育平等原则的支配下，解决学校标准化建设问题，为学校教育教学质量提供基本保障。随着我国教育水平的提升，我国义务教育已经实现了基本均衡，因此，中小学校在此基础上提出了更高层次的目标追求，那就是以质量目标提升和质量结构优化为宗旨的新优质学校建设。但无论是均衡还是优质，都是以规范作为发展的价值取向，目的在于使所有的中小学校能够享受平等的教育资源支持。学校标准化建设达到一定程度后，学校又该如何发展？对此，《教育部2015年工作要点》提出："推动学校特色发展，提升学校品质。"这是国家教育行政部门首次正式提出这一重要的时代命题。建设高品质学校将成为面向未来中小学校新的发展方向。

学校品质提升的内涵是什么？高品质学校展现的样态是什么？教育部基础教育一司原司长王定华认为，"学校品质是一个综合的概念，包含诸多要素，涉及多个主体。构建和提升学校品质，先进的思想和正确的理念是先导，优秀的校长和敬业的教师是主体，达标的硬件和规范的管理是基础，系统的课程和丰富的活动是载体，优雅的文化和独特的品牌是表现，优秀的学生和社会的认可是目标。学校品质是质量、内涵、文化、特色、信誉的集合体"。但是，高品质学校所展现的样态是未来学校的共同追求，如何突出个性，结合学校自身特点，成了建设高品质背景下学校办学的新命题。而创建新样态学校，成了实现学校高品质发展、展现教育多样化的重要途径。所谓"新样态学校"，中国教育科学研究院基础教育研究所陈如平所长认为，"是基于学校内在的文化基因，结合学校自身的优势条件，在力所能及的范围之内，整体突出学校的优点，打造属于自己独特样态的学校"。

所以,办新样态的学校,突出"有人性、有温度、有故事、有美感"的特征,是探索学校发展的全新道路。新样态学校,秉承教育性的初衷,是对狭隘工具主义的突破,是对人性的回归,是对"什么是教育"的重新反思。德国思想家雅斯贝尔斯在《什么是教育》一书中也提出了"教育即生命"的理念,教育在于通过文化的传递,使教育者本真得以回归,教育作为一种具有价值负载的"向善"活动,担负着"如何使文化功能和对灵魂的铸造功能融合起来"的责任。同时,办新样态的学校也是对新时代教育质量观的切实回应。习近平总书记在全国教育大会上的重要讲话精神,中共中央、国务院《关于全面深化新时代教师队伍建设改革的意见》《关于深化教育教学改革全面提高义务教育质量的意见》,都对办好人民满意的教育提出了新的要求。新时代的学校教育,需要树立科学的教育质量观,坚持"五育"并举,深化课程改革,造就高素质专业化创新型的教师队伍,构建德智体美劳全面培养的教育体系,健全立德树人落实机制,尊重个体,面向全体,发展素质教育,激发师生生命力。

是啊,教育是生命的艺术,生命难道不具备人性?难道没有温度?难道不存在故事?难道不能彰显美感?让人性释放光辉,让温暖抚慰他人,让故事存有回忆,让美感尽情舒展,这才是生命的艺术!也正是教育的本质!

履新协和实验小学,面对这所刚刚走过第一个五年规划,校龄只有6年,教师平均年龄不到30岁的年轻学校,如何展现"新样态",把学校办成有书香、有墨香、有奔跑、有笑声的理想状态,我想以日记体的形式,和老师、家长们一起,记录下我们对学校工作的思考,让故事跃然纸上,让思绪留诸笔端。同时,公开日记,以书信的形式平等对话,让老师理解校长的理念、策略、方法与路径;让校长聆听教师的思考,倾听家长的建议，从而用文字构建起现代学校内部一种富有理性的公共商谈模式。对我而言，在这履新的关键100天里，100篇日记的写作过程或许是辛劳的，需要毅力，去打破自己的原有观念，不断思考，实践，积淀，印证，追寻教育的真谛，使得自己的教育理念、逻辑更走近主体的人。但是，结果是值得的，碎片的思维，平淡的生活，经验感受式的记叙，却夹杂着理性的思考，最终，凝练成共同的教育记忆，加快了彼此之间的融入和理解。教育的真实样态，恰恰就蕴藏在这100天的课堂教研、家校合作、行政工作、学校规划、读书沙龙等平凡工作中。

值得一提的是，履新的100天，对于我的整个职业生涯，是极不平凡的，因为，整个神州大地面临了一场严峻的考验——新型冠状病毒肺炎，疫情波及面之广，影响程度之深，前所未有。常言道，多难兴邦，苦难辉煌，其实，并不是灾难本身让国家更加繁荣昌盛，而是灾难过后带给整个社会的反思，迫使我们重新认识人与自我、人与社会、人与自然，重新定位原有的社会关系。就教育而言，疫情也让教育面临一场大考，超越疫情对正常教学安排的直接影响，我们不应该庆幸现代教育技术的发展，现代人信息素养的提升，以及融媒体、新媒体的广泛普及，可以深刻改变疫情对教育的负面影响，而应该回归教育的本质，反思教育与疫病、疫病与人的问题，因为人类从来没有，也永远不会从疫病中解脱，那是造物主给予人类永恒的生存考验，那么，在未来对疫病的影响绝不能置之不理。学校作为社会组织的一部分，应该教会每一个可能身处疫病中的人，具备生存的能力、生活的智慧、生命的思考和对生态的敬畏。经此一疫，再谈"四生"教育，尤为可贵。

写下此书，致敬我与这所学校蓦然回首的初相识，灯火阑珊的再相知，笑语盈盈的真相爱。歌曲《同舟之情》中有这样一段词，"还有天地能前往，还有生命发光，腾跃于闹市海港，爱在旧城窄巷，谁也经历过迷惘，人间的波折阻不了盼望，投进每个信任眼光……只需看见有我在旁，为你一直护航"。过去、现在、未来，正是因为有你们、他们、我们的存在，生生与共，时光重未虚无，岁月不曾缥缈，时间方有意义！

当我们老了，在某个慵懒的午后，翻开这本泛黄的小册子，故事依旧动人……

夏雪梅
2020年4月

目录

第1天　2019年12月11日　星期三
"近"心办教育　　　　／001

第2天　2019年12月12日　星期四
参与教研，走近教师　　／005

第3天　2019年12月13日　星期五
规范行政会　　　／009

第4天　2019年12月14日　星期六
带着问题去游学　　／013

第5天　2019年12月15日　星期日
休息　／016

第6天　2019年12月16日　星期一
把与"孩子的第一次见面"当作课程　／017

第7天　2019年12月17日　星期二
让别人因为你的存在而温暖　　／020

第8天　2019年12月18日　星期三
"四段式"新教师专业发展课程体系　／023

第9天　2019年12月19日　星期四
让"毕业出口"有质量　　／026

第10天　2019年12月20日　星期五
学校没有"副科"教师　　/ 029

第11天　2019年12月21日　星期六
休息　　/ 032

第12天　2019年12月22日　星期日
休息　　/ 033

第13天　2019年12月23日　星期一
让会议有敬畏感　　/ 034

第14天　2019年12月24日　星期二
让每个学科都有尊严地存在　　/ 038

第15天　2019年12月25日　星期三
"跨界"教研　　/ 041

第16天　2019年12月26日　星期四
给行政人员开设文化课程　　/ 046

第17天　2019年12月27日　星期五
学校管理系统"再造"　　/ 051

第18天　2019年12月28日　星期六
休息　　/ 055

第19天　2019年12月29日　星期日
休息　　/ 056

第20天　2019年12月30日　星期一
特色课程要有"特色"　　/ 057

第21天　2019年12月31日　星期二
办"怡心"教育，从新年开始　　/ 061

第22天　2020年01月01日　元旦节　星期三
以工作的方式迎接新年　　/ 065

第23天　2020年01月02日　星期四
孩子进校，家长入学　　/ 067

第24天　2020年01月03日　星期五
让家长看到希望　　/ 070

第25天　2020年01月04日　星期六
休息　/ 075

第26天　2020年01月05日　星期日
回归家庭　/ 076

第27天　2020年01月06日　星期一
学会做一份科学的期末行事历　　/ 077

第28天　2020年01月07日　星期二
"个性定制"家长会　　/ 080

第29天　2020年01月08日　星期三
好学校一定会做融合教育　　/ 084

第30天　2020年01月09日　星期四
百日阅读的思考　　/ 090

第31天　2020年01月10日　星期五
孩子们的期末考试　　/ 093

第32天　2020年01月11日　星期六
再读《学生第一》　　/ 094

第33天　2020年01月12日　星期日
"怡心"文化的萌芽　　/ 096

第34天　2020年01月13日　星期一
党建引领学校高品质发展　　/ 099

第35天　2020年01月14日　星期二
领航逐梦，智见未来　　/ 105

第36天　2020年01月15日　星期三
教育在细节中，育人在显微处　　/ 107

第37天　2020年01月16日　星期四
谋"怡心"教育，话新春规划　　/ 109

第38天　2020年01月17日　星期五
放假第一天，去看望母亲　　/116

第39天　2020年01月18日　星期六
回老家　/118

第40天　2020年01月19日　星期日
用好绩效考核这一评价标准　　/119

第41天　2020年01月20日　星期一
让临聘教师有归属感、价值感、幸福感　　/121

第42天　2020年01月21日　星期二
学校向社区开放　　/123

第43天　2020年01月22日　星期三
了解学校隶属的街办　　/125

第44天　2020年01月23日　星期四
校长是第一安全责任人　　/126

第45天　2020年01月24日　星期五
除夕夜，为祖国祈福　　/127

第46天　2020年01月25日　星期六
休息　/128

第47天　2020年01月26日　星期日
众志成城，抗击病毒　　/129

第48天　2020年01月27日　星期一
读书好时光　　/130

第49天　2020年01月28日　星期二
实现真正意义上的学生第一　　/131

第50天　2020年01月29日　星期三
善待教师，学生第二　　/134

第51天　2020年01月30日　星期四
读书破万卷，办学如有神　　/139

第52天　2020年01月31日　星期五
看特别应景的电影——《传染病》　　/ 142

第53天　2020年02月01日　星期六
从上到下，贯彻落实　　/ 144

第54天　2020年02月02日　星期日
疫情面前，校长要有所为　　/ 147

第55天　2020年02月03日　星期一
给孩子们写封信　　/ 149

第56天　2020年02月04日　星期二
办让老师有幸福感的学校——读《建设一所新学校》感悟一　　/ 153

第57天　2020年02月05日　星期三
谋定而后动　　/ 157

第58天　2020年02月06日　星期四
一手抓疫情防控，一手抓教育教学　　/ 159

第59天　2020年02月07日　星期五
课程的背后是学生——读《建设一所新学校》感悟二　　/ 160

第60天　2020年02月08日　星期六
元宵节的温暖　　/ 164

第61天　2020年02月09日　星期日
改造课堂——读《建设一所新学校》感悟三　　/ 166

第62天　2020年02月10日　星期一
管理的创新——读《建设一所新学校》感悟四　　/ 169

第63天　2020年02月11日　星期二
学校发展，家长也是主角　　/ 171

第64天　2020年02月12日　星期三
开好校长办公会　　/ 174

第65天　2020年02月13日　星期四
"网课学案"的探讨　　/ 175

第66天　2020年02月14日　星期五
延迟开学非延期放假　　　/ 181

第67天　2020年02月15日　星期六
统筹开学工作，杜绝"短、等、混"　/ 186

第68天　2020年02月16日　星期日
科技向善，协作无间　　/ 190

第69天　2020年02月17日　星期一
延期开学，给家长写封信　　/ 194

第70天　2020年02月18日　星期二
教育资源无处不在　　/ 197

第71天　2020年02月19日　星期三
把每一次任务当作机遇　　/ 199

第72天　2020年02月20日　星期四
与老师一起听网课　　/ 203

第73天　2020年02月21日　星期五
项目式推进工作是最好的放权　　/ 206

第74天　2020年02月22日　星期六
碰撞新学期的特色重点工作　　/ 208

第75天　2020年02月23日　星期日
新学期工作计划的制订　　/ 210

第76天　2020年02月24日　星期一
一个孩子都不落下　　/ 212

第77天　2020年02月25日　星期二
一场关于"学校文化"定位的辩论赛　　/ 214

第78天　2020年02月26日　星期三
街道帮助学校解决问题　　/ 220

第79天　2020年02月27日　星期四
好措施需要真落实　　/ 221

第80天　2020年02月28日　星期五
对中层干部的管理要学会放手　　/ 227

第81天　2020年02月29日　星期六
写给家长和孩子的第三封信　　/ 229

第82天　2020年03月01日　星期日
余生，请让我好好爱你　　/ 231

第83天　2020年03月02日　星期一
摸清学校的"家底"　　/ 234

第84天　2020年03月03日　星期二
"社区—学校"共建、共治、共享　　/ 236

第85天　2020年03月04日　星期三
连线清华大学青少年德育研究中心　　/ 239

第86天　2020年03月05日　星期四
写一篇怎样的论文　　/ 242

第87天　2020年03月06日　星期五
改变坐车的方式，骑车上班去　　/ 244

第88天　2020年03月07日　星期六
第三次全校教师线上视频会　　/ 246

第89天　2020年03月08日　星期日
综合实践活动课程研讨　　/ 249

第90天　2020年03月09日　星期一
从"手机"回归"电视"　　/ 253

第91天　2020年03月10日　星期二
探索学校社区合作新模式　　/ 255

第92天　2020年03月11日　星期三
走向从事教育科研的幸福道路　　/ 257

第93天　2020年03月12日　星期四
研究问题源于一线教师　　/ 259

第94天　2020年03月13日　星期五
开启我的网络研修之旅　　／261

第95天　2020年03月14日　星期六
向《国家中长期教育改革和发展规划纲要（2010—2020年）》
颁布十周年献礼　　／263

第96天　2020年03月15日　星期日
提升校长教育信息化领导力　　／268

第97天　2020年03月16日　星期一
第二次课题讨论会　　／272

第98天　2020年03月17日　星期二
课堂阅读"教学评一致性"研究　　／275

第99天　2020年03月18日　星期三
谁来写校名　／277

第100天　2020年03月19日　星期四
履新100天　／280

后　　记　／282

第1天　2019年12月11日　星期三

"近"心办教育

有这样一则故事，一位新校长到校后，第一次与老师们见面，坐在主席台上的他笑着说："我在原来学校是不坐主席台的，主席台应该是教师展示风采的舞台。"此话一出，全场教师为之感动，为校长谦虚的姿态，更为校长民主管理的理念。

2019年12月10日上午9点，我到双流区教育局三楼参加调离双华小学工作会，下午4点领导就把我送到了新学校——协和实验小学与老师们见面。工作的变更虽然来得很突然，但在胜利小学4年校长、双华小学5年校长的成长历练，让我镇定从容地接受了这一次工作的变动。心中有情怀，脑子有思想，行动有方法，在哪儿都是教书育人，这便是我履新的底气。

履新的第一天晚上，我给了自己两条治理学校的原则：一是把教育办到离孩子最近的地方，二是把管理做到离老师最近的地方。这是我当9年校长以来沉淀的办学思想，也是我作为校长，一直崇尚生命教育，办"真"教育的个性化诠释。

带着这样的办学思想，我开始书写我的履新日记。正式到协和实验小学履新的第一天，我五点起床写第一天的工作要点。除了熟悉学校学习生活环境，最重要的是，走进行政班子，召开第一次行政会。

（一）认识行政班子：人人发言、自主表达

第一环节活动：让每个行政人员自己发言，说说自己分管的工作，当前有什么困难。这样做的目的在于，诊断行政班子对自己的工作是否熟悉，我也可以借此了解他们的表达力,并发现他们工作的困难。通过交流,大家盘点出以下困难:(1)需要资金,例如维修空调。(2)人手缺,例如学生安全问题。(3)做事缺方法和指导。听完发言,我进行了两问:一问党员有多少,二问支部委员是哪些人。涉及人事和钱的问题我通过支委会商量以后马上办,给行政干部留下办事利落、雷厉风行的印象。不搞校长一言堂,一开始就形成民主管理的氛围,这是学校治理体系和治理能力现代化的基础。

(二)告知行政价值:享受权利,知晓纪律

行政班子是校长的宝贵人才,要给予最大的关爱和机会。行政班子优,才能带动老师优。所以在班子成员工作量、待遇、评优选先等方面,我心目中都会权衡。行政班子是学校老师的引领者和服务者,从倡导到指导到督导,做到精细化的管理。我强调行政班子必须具备四个意识、两个维护,并规定了行政班子做事的"10"字方针:前瞻、规范、求真、人文、创新。

(三)微创新工作

一是建微信工作群,便捷沟通。建立信息发布沟通快捷的渠道4个:微信行政群、微信工作群、微信生活群、QQ全校工作群。并与行政班子成员都成为微信好友。

二是落实"前瞻",实施"周台账"工作制度。为了使行政班子每周的工作具有前瞻性,我和行政班子成员协商,每周周末下午7点之前每个行政班子成员围绕自己分管工作,对下周的工作规划进行梳理,以周行事历的形式发给学校党政办,再由党政办把行政班子成员"周台账"整理后以Word文档形式发到行政微信群。每个行政人员就按照自己的规划有条不紊地创新工作。周五下午,每个行政人员再对照自己的"周台账"自评销号,做了的打钩,没做的向校长说明原因。

这是我在双华小学任5年校长对行政班子的管理策略之一。这个策略的产生源于双流区教育局2015年提出"六个"精细化管理:行政管理精细化、队

伍管理精细化、课程管理精细化、德育管理精细化、后勤管理精细化、安全管理精细化。怎样才能做到管理精细化呢？实行行政人员"周台账"销号制度就是我们的策略与智慧。这个策略用好了，每个部门、每个行政人员的工作就规范高效的，即使校长离校开会学习一个月，学校都会正常高效运转。

我想这个策略用在新学校协和实验小学同样有效。于是，我把双华小学行政"周台账"销号制度做法发到协和实验小学行政群，便于大家模仿，制定适合自己的一套方法。每个行政人员都按要求规范而高效地发布了自己16周的"周台账"。党政办叶丽娟主任负责整理，并及时在周末7点之前进行了发布。

三是体现"人文"，与老师并肩作战。其实，第一天履新，并没有那么顺利。我一上任就遇到因本校家长不重视甲流预防，造成孩子死亡的突发情况，这一事件引起了省、市、区疾控中心，以及区教育局、卫生院的高度重视。上午9点开始的行政见面谈话会刚进行到一半，德育安全处主任袁乙洁就急匆匆地过来找我说，疾控中心的领导要求我这个第一天上任的校长参与他们的防甲流工作部署会。看着乙洁满脸的愁容，我终止了行政见面会，立即与乙洁走进防甲流工作部署会的会场。校长是学校安全第一责任人，虽然我才正式上任两个小时，但对于协和实验小学的任何事情，我都有了责任和担当。履新校长怎样让新学校的行政老师接纳你，你就尽快和他们并肩战斗吧。面对着熬了几个通宵，已疲惫到极点的乙洁主任，我觉得我不能只是引导她怎么去做，而应该与她一起做。于是，午饭后，我马上带着乙洁和部分体育安全员做防甲流工作的预案，并决定下午我亲自主持分两批召开全校老师会，让每一个人都重视起预防甲流这项工作，懂得防控的方法，以及做好孩子、家长的工作。

管理不仅是倡导，还要有指导。把管理做到老师离最近的地方，这是我管理学校的行动指南。变"要他做"到"我们一起做"，再到"他想做"，再到"他做得好"，这既是当校长的艺术，也是校长"成事成人"的目标。

  12月10日是一个特殊的日子，新一任校长到校。可不巧的是，学校当前正处于甲流高发期。11日上午，是新校长和学校行政的第一次会议，我很抱歉打断了这个会议。因为，甲流预防工作是当前的重中之重，市疾控中心通知校长一起听取指导意见。夏校长可能已经看出我的困境，轻声对我说："没关系，我们一起面对，一起想办法。"此时，我心里暖暖的，因为不再是我一个人面对困难。夏校长让我立即成立一个临时工作小组，并制定预防甲流工作的学校预案。我们开了临时小组会议，商讨分工合作。遇到什么困难，需要什么样的人员参与，通过哪些方式去解决，夏校长帮我理思路，短短一个小时我们就成立了甲流应急小组，并出台了预防方案。

  下午，我们召开了两场教师"防控应急会议"。夏校长看出了我的难处，也给我鼓气，她在会中说道："袁乙洁因为这件事情已经几天没有好好休息了……"我的眼眶湿润了。

  从这件事情中我感受到夏校长工作的"细"，这是做好一切工作的前提条件，也是我作为安全管理者必备的素质。同时，处理突发情况要有策略，做好预案，明晰责任，层层落实，才能正确处理。而在与夏校长的交流中，我真切地意识到积累资料的重要性。第一手材料，也是今后开展德育安全活动很好的资源。

（袁乙洁　撰文）

第2天　2019年12月12日　星期四

参与教研，走近教师

履新第二天。早上7点40分，我一到学校，就收到教务处高华群副主任发给我的微信："夏校，今天下午第一节课和第二节课是全校的语文教研，在综合楼四楼录播教室举行，欢迎您来指导。"面对新的环境、新的合作伙伴，如何尽快了解班子成员，如何尽快融入教职员工，我想只有走进他们常态的工作，把管理做到离老师最近的地方，才是最快的途径。所以，我欣然表示前往。

今天上研讨课的是五年级的樊明翔老师，内容是写作课《推荐一本书》。樊老师的课堂环节清晰，目标明确，板书流畅。樊老师思维比较敏捷，有一定经验，个人语文素质很好。樊老师在工作态度上，上课有充分的准备，课堂表现有爱心。有爱有思维的老师通过打磨，肯定可以成为一个优秀的语文老师。华群副主任告诉我樊老师有13年教龄，但我以为课堂还是存在着不足，例如，缺乏生动及时的评价，缺乏小组合作学习，对于课中学生的读书唱读老师没有及时地指导，学生上台展示的表达老师指导还不够。没把充足的时间和机会给学生，学生的主体地位没体现，这是当代课堂的大忌。

怎样让我的评价被这个第一次接触的老师高高兴兴接纳呢？我想我不直接说，请上课的孩子说，请6个语文教研组长说。我引导学生回答两个问题：（1）你认为老师的课上得好不好。如果好，好在哪儿？（2）你对老师的这堂课有什么建议吗？我想，第一个问题学生们百分之百都会说"老师上得好",这样的回答不伤老师自尊,给老师保留了足够的尊严。第二个问题,对老师的建议,学生们有就说,没有就不说,这样做,不为难学生,当然又给有思想的学生表达的机会。学生是课堂的主人,他们喜欢的课堂才是最有效的课堂。

课后,我邀请了班上4个学生一起参与评课。学生们落落大方,针对第一个问题都一致说樊老师的课上得好。针对有什么建议,两个学生有,其中一个说樊老师上课太急了,没留时间让大家深入地讨论;另一个说樊老师对做得好的同学缺乏表扬。听了两个学生的发言,我还没说话,所有的语文老师都相视一笑。学生们评课评得多好,这两点正是由于樊老师没把学生当主体的理念造成的。樊老师听了学生的意见,也感动得连声说谢谢孩子们。学生们离开后,华群副主任带着老师们继续评课。

当然,我也积极参与了这次语文教研,想看看分管语文学科管理的华群副主任的管理能力。我给华群总结了三条优点。(1)有前瞻性。提前安排邀请我参加周四教研;(2)有规范性。教研活动,有课、有研、有讲座、有简报;(2)有领导力。工作组织落落大方,事情交代清清楚楚。同时,也提了建议:引进上海青浦区主题式研修方法推动协和实验小学的语文教师专业发展;抓好语文学科组长队伍建设,形成激励机制。

12月10日下午,夏校长迎着冬日的暖阳来到了双流区协和实验小学。还未到来,就引起了不小的波动,不少老师私下早就议论开了:这是一个怎样的校长?新校长上任会对学校进行哪些改革?学校未来

将去到何处……这些问题也深深萦绕在我的脑海里。我认为，一位聪明的领头人绝不是一上任就大刀阔斧的改革，而是先听，听大家的思想；先看，看大家的工作样态；再思，思考学校发展的具体走向。那么，夏校长会以何种姿态融入协和实小，很期待。

12月12日，恰逢学校常规语文教研活动，夏校长如约而至，她说想早一点了解我们的学科情况。活动原计划于四楼录播教室开展，却因设备的原因不得不改在五年级三班教室进行。50多个孩子的班级，50个语文老师，教室黑压压的一片，过道上水泄不通，心中不觉被老师们的学习热情感动。樊明翔老师正在上《推荐一本书》课，她以读书名言"读一本好书就是和许多高尚的人谈话"导入，让学生联系生活实际谈书籍对自己的影响，从而自然引出本节课的内容。樊老师借助习作，概括出一本书，首先介绍书的基本信息，再从故事情节、人物性格、语言特色，以及对人的启迪等方面，阐述自己的推荐理由，进而用范文引路，引导学生自行构思，把握习作框架，从而为后面的习作铺路。

评课环节打破了之前的常规评课，夏校长邀请了四名孩子评价上课的老师，从孩子的视角看老师，这无疑是本次评课的亮点。好课人人看得见，不见得人人都会评，学生的点评，给老师提供了看课的视角，将学生的主体地位放在第一位，这也应该是老师教学的落脚点，老师要让课堂开放、多元就一定要让学生站在课堂中央。

夏校长了解了樊老师的基本情况后，对一个有13年教龄的语文老师给予了很高的评价，老师的逻辑思维强，目标设定准确，课堂教学手段也较为灵活。同时，也提出了一节好课的标准：（1）先学后教。先让自己学习，再根据学生的学情以学定教。（2）大胆放手。给学生充分的时间去学习，给学生足够的空间去展示，相信学生。总之，学生是课堂的主体，老师是主导，其作用是在学生学有疑惑处点拨指导。课堂是主阵地，一堂课没有最好，只有更好。

而一个好的校长，不仅要善于管理，在教学上也应该卓有建树，才能在专业成长方面引领老师行走得更远，激发老师内驱力。

（高华群　撰文）

第3天　2019年12月13日　星期五

规范行政会

昨天放学前，党政办叶丽娟主任提醒我明天第一、二节课是协和实验小学惯例的行政会，她问我要怎样开。我询问她：原来是怎么开的？每次有主题吗？她告诉我没有，每次都是随性而开。我明白了：这个建校只有五年的学校，所有的事情和事件都要从规范做起，做到有规则、有规程。第一次行政会的参与，对我而言，一定要有充分的准备，不管是人的沟通，还是事的安排。万事都要有一个好开端，有了规矩，自成方圆，以后的事就好办多了。

于是，我耐心地给叶主任讲解了行政会的目的和意义，并且告诉她党政办这个部门的工作性质：（1）统筹、协调学校党政事务，做好内设机构之间的沟通协调；（2）组织起草学校改革和发展规划，撰写党组织和学校工作报告、计划、总结等；（3）负责学校工作目标、公文处理、会务、对外宣传交流、人事、考勤考核、印章管理等工作；（4）协助党组织和校级领导安排重要工作、重大部署和重要活动；（5）检查督促学校决策的实施和重要事项的贯彻落实；（6）配合其他职能处室做好相关工作。

听了我的解释，丽娟这个年轻的党政办主任笑了，她说她终于知道自己该干什么了。于是，我告诉她，明天行政会主要与行政沟通三方面的问题：（1）商讨期末工作，形成期末行事历，落实当前核心工作；（2）了解和商讨毕业班工作，解决当前重点工作；（3）将校长到校两天所见所闻所感，与大家交流意见，解决当前的工作障碍和盲点。

另外，我告知她每次的行政会要有主题，参会的人一般是行政人员，为了让更多的人参与，可以通知年级组长列席；会议的通知要提前发，让所有参会人员知晓，并做好会议记录；会场的座位要固定；会场的布置要有会议主题PPT，话筒要调试好；会议主持人就是党政办主任，做好考勤和主持……

有了昨天的沟通，今天走进三楼会议室，发现丽娟很有灵性，我昨天提的要求已经得到了落实。会议的主题也赫然出现在屏幕上：在发现中创新，在创新中发展。我想根据主题让每个行政人员就期末工作的安排、毕业班工作以及学校工作中的盲点，谈谈自己的看法。或许因为我刚到这所学校三天，行政同志们还放不开，但从大家的发言中，我发现这个团队缺乏的是做事的系统性。我汇总了他们的意见，梳理了期末工作的行事历。会后，我有了利用周六把所有行政、年级组长，以及学科组长带到自己以前工作的单位——双华小学参观的决定。希望能让他们更多地了解我，也帮助我更好地融入他们之中。

改变，从小部分人开始！

今天的行政会，是夏校长履新后的第一次正式行政会。为了这个会议，昨天放学之后，夏校长和我一起讨论：通知应该如何发，PPT的主题应该是什么，要准备哪些材料。"在发现中创新，在创新中发展"，是我们昨晚拟定的行政会的标题，有了标题就有了主题，会议才能围绕着一个主题来进行，提升会议效率。

会议开始，夏校长说，作为党政办主任，其工作主要是组织学校层面的会议和接待。学校层面的会议包括行政会和全校老师会，我需要负责主持、协调，以及后勤保障等事宜。而接待工作，需要与包括后勤在内的相关部门协助，例如诊断课程的专家来，那就要与教务处配合。在此之前，自己还真不知道这些都是我的工作。聆听教务处黄军主任的发言，明显地感觉黄主任做得太多了，一个人独自完成一大堆事情，并不能有效锻炼他的管理才能。确实如此，不仅是黄主任，大部分行政人员也是。什么都在做，什么也没做好。究其原因，关键是没有做到"精细化管理"。

我对六个精细化管理今天算是清楚了，包括"行政管理精细化、队伍管理精细化、教学管理精细化、德育管理精细化、安全管理精细化、后勤管理精细化"。精细化管理，不仅体现在各个部门的对接必须清晰，例如：德育处对接年级组长，教务处对接学科组长。也表现在各类规章制度的规范，例如：请假制度的规范、周行事历启动、期末行事历安排等，都应该提前做好准备，责任到人，时间到点，反馈有力。

会议结束后，我真切感受到学校组织机制改革迫在眉睫，每一位行政人员都必须要知道自己的职责所在，并且学会做减法。不过，这一两个月还可能处于摸着石头过河的状态。"给平台就是给机会，做事就是学本事，见识就是能力"，夏校长的三句话让我记忆犹新。要想得到发展，我们必须锻炼本事，提高见识。

我曾经这样思考过：一个学校要办成什么样，才是对孩子和家长最好的交代。这个问题我也曾经和黄主任探讨过，我们的子女都会在这个学校接受教育,我们的孩子应该接受什么样的教育,才能让我们满意?像之前,作为家长的我们肯定是不会满意的。而作为学校管理者的我们正在努力改变,可往往事与愿违。学校办学理念是让每一个孩子绽放精彩,那怎样绽放精彩呢?我会觉得孩子能够快乐轻松地学会知识,大方得体地表达想法,努力探索对新鲜事物的好奇就是他们绽放的光芒。可这些都需要下足功夫,也需要一批实施者,更需要引领者。希望通过全校师生的共同努力,协和实小才能蒸蒸日上。

接下来我需要做的工作就是:(1)熟悉自己的岗位工作;(2)尽快物色得力助手;(3)做好孩子们的期末复习工作,教学和党政办工作都要抓好。

(叶丽娟　撰文)

第4天　2019年12月14日　星期六

带着问题去游学

今天，协和实验小学的行政人员、年级组长以及学科组长走进双华小学参观学习。我想，如果不带着问题和任务去学习，效果肯定不好。早上早起，我拿起手机给老师们写下了以下一段话。

亲爱的老师们，学校发展靠老师。今天我们带着问题去游学，走进双华小学看校园。参观后，作为协和实验小学管理层的您，有什么样的感悟，对学校发展又有怎样的建议呢？请您把您的所思所想写下来。好的意见学校会采纳，并给您颁发"金点子奖"。谢谢！

我是12月10日调离双华小学的，到14日，离开双华小学才4天，在协和实验小学的老师面前，我还有主人的感觉，所以当起了老师们的参观导游。我戴着扩音器，仔细地为老师们介绍学校的竹园文化、办学理念、育人目标、课程建设、课堂变革、评价体系、艺体工作，以及能量评价超市、足球俱乐部、音体美教室、竹华图书馆、党建活动室、竹里馆。一间间功能室、一面面墙壁、一张张椅子、一幅幅作品……都彰显着双华小学的竹文化气息。我忘记了我是他们的校长，此刻的我，就是一个自信而充满着激情的分享者，我希望打开这一群朝气蓬勃年轻人的眼界，激发他们对新学校发展的憧憬和责任担当。

参观完后，回到双华小学的学术厅，我们召开了半个小时的感悟交流会。给我留下深刻印象的有刘勇副校长、汪抗战总务主任、袁乙洁安全主任、胡涛德育主任、黄军教导主任、樊小娟科研主任、徐藁宣传副主任,以及年级组长和学科组长们的发言。尽管他们表达的内容不相同,但却表达了共同的心声:希望学校有自己独特的文化,并且以顶层设计与底线思维相结合的思想,系统地推进学校各项工作,让每个人的工作有顶有底……

多好的一个管理团队!让每个老师都有为学校发展献言献策的机会,成为学校的主人。

夏校长通过短暂的几天时间,迅速熟悉学校校园、行政团队、教师队伍、学生情况、管理现状等,基于对我校的初步了解:这所学校刚刚完成第一个五年计划,校龄刚刚六年,年轻且迅速发展,教师平均年龄不到30岁,急需明确发展规划,规范和健全各项制度还需要丰富校园文化底蕴。夏校长通过几次短会,和学校老师们有了短暂接触后,决定利用这个周末的时间,带领学校行政、年级组长和学科组长,走进双华小学参观学习。特别的是,双华小学是夏校长曾经工作生活的地方,就像她自己亲手养大的孩子一样。走进它,可以看到夏校长留下的点点滴滴。校园文化、德育工作、课程建设、党建工作、学科亮点,再加上夏校亲自讲解,老师们能够感受到她的理念和风格。这能让老师们直观且准确地同现任校长增进了解,对于今后的共同工作,省去了很多繁琐步骤。

一大早,出发前,学校行政群就收到了夏校长对于此次活动的介绍和安排。夏校长把本次活动称为教师游学课程,希望老师带着问题去看，带着思考回来，并能把所思所想反馈出来。学校发展靠老师，只有抓好教师队伍的建设，才能为学校各项事宜的开展打好基础，而本次参观活动就是一个开始，能够为我校今后的发展，提供可供借鉴的蓝本。今天参观的老师，从管理到教学，囊括了学校全部的中坚力量。这些老师，是学校未来发展的核心。他们需要这样的机会，走出去，观摩其他学校做得好的地方；带回去，思考我校以及自己需要改进的不足。

看，而后思；破，而后立。看似寻常最崎岖，成如容易却艰辛。现代学校走内涵式发展道路，需要深耕学校文化，重视文化氛围，做好文化顶层设计工作，打通文化、课程、师资、德育等学校要素之间的内在联系，以文化为牵引，形成育人合力，搭建全方位育人、全要素育人、全员育人的"三全"体系。

今天，我们都看到了，双华是过去，协和是现在，打破桎梏、重塑筋骨，而成就未来的是我们，无须多说，Just do it！

（徐蒉　撰文）

第5天　2019年12月15日　星期日

休息

第6天　2019年12月16日　星期一

把与"孩子的第一次见面"当作课程

履新第六天，恰逢周一集体朝会，德育处胡涛主任和我商量利用这个机会与学生见面，让孩子们知晓学校换了校长。我欣然接受，并很看重这件事，因为学生大于天，他们就是我的"上帝"。怎样才能让孩子们接纳我呢，我得好好准备一下我的发言。

周一早起，坐在电脑前写见面发言稿。向学生问好环节、自我介绍环节、与学生互动环节、结束环节，我都站在孩子的角度去思考：一年级的孩子听得懂吗？根据低年级孩子只有20分钟的专注力的特点，我的讲话时间不能太长。2417个孩子，人多，站在后面方队的高年级孩子听得到吗？为了能让每个孩子融入这个见面会中，我设计了分别向每个年级的孩子挥手致意问好的方式。为了满足小孩子对新鲜事件的好奇心，我期待孩子向我提问。我想，与孩子们第一次见面就是一个德育课程，我要利用好这个课程，达到让孩子们迅速记住我、接纳我的目的，同时培养孩子积极向上的品性和善于质疑的能力。

孩子们的升旗仪式在周一第二节课后，当我来到操场看着孩子们在老师们带领下穿着整齐的服装走进操场时，内心充满着激动。一个个鲜活的生命是那样的蓬勃向上，我期待能走进孩子们的心里，开发他们的潜能，让每一个生命都绽放精彩。

为了与孩子们的第一次见面会，我这样写道——尊敬的各位老师，亲爱的同学们，大家早上好！度过一个愉快的周末，我们又回到了协和实小美丽的校园。

首先,给大家做一个自我介绍。我叫夏雪梅,夏天的夏,雪花的雪,梅花的梅。因为我出生的那一天,下了一场大雪,爸爸妈妈希望我能像梅花一样迎着风雪开放,做一个不怕困难、坚强勇敢的人。所以取名叫夏雪梅。大家可以叫我夏校长,也可以叫我雪梅校长。我介绍完自己,我们就算认识了!现在,我依次与六个年级各个班的孩子们打招呼。

初次见面,孩子们对我很好奇,肯定有许多问题想问我,请大队辅导员胡主任,邀请学生代表上来向我提问。

这一周是本学期第十六周,希望老师和孩子们珍惜时间,抓紧时间复习,争取在期末考出优异的成绩。夏校长将对年级考试总分前50名的孩子进行表彰。

令我难忘的是,孩子们用他们那稚嫩的童声询问我:您来自哪个学校?您住在哪儿?您心目中的好孩子是什么样的?……

今天是周一,恰逢第十六周升旗仪式,也是新校长与全校孩子的第一次见面会。在陪夏校长等待孩子们的间隙,夏校长说,我们要努力把教育做到离孩子最近的地方。

夏校长在升旗仪式后,向全校学生介绍了自己,与每个年级的孩子分别打招呼问好,孩子们也热情应答着"夏校长好"。接着,夏校长又让几个学生提问,努力激发孩子们的好奇心。有的孩子问:"您来自哪个学校?您住在哪儿?"有的孩子问:"您喜欢吃什么?喜欢干什么?"也有的孩子问:"您心目中的好孩子是什么样的?"夏校长和蔼可亲地与孩子们互动,解答孩子们的问题。告诉孩子们,她心目中协和实验小学的好孩子是:有礼貌、热情大方;善于提问、学习认真;爱锻炼、有特长。夏校长希望孩子们做到四个好:品德好、习惯好、学习好、身体好。具体而言:品德好。从小培养好思想、好品行,树立远大理想并踏踏实实为之奋斗,做新时代的好少年。习惯好。养成良好生活习惯,争当学习和实践社会主义核心价值观的小模范。学习好。做爱学习、善思考、会创新的小标兵,努力成长为中国特色社会主义事业的合格建设者和可靠接班人。身体好。锻炼强健体魄,做一个意志坚强的人。在快乐的一问一答中,师生潜移默化地完成了一个"四好学生"的小课程教育。

我们也思考了升旗仪式存在的不足:(1)主持人的训练要加强,包括主持人的站位、站姿、语音、语速,讲话要大胆自信;(2)升国旗时全体师生集体诵唱;(3)提醒孩子们升国旗时保持肃立,不要走动,如果正在走动的老师和学生都必须立即停下,原地敬礼;(4)下周升旗仪式各班拿上班牌;(5)提醒孩子整理着装,佩戴好红领巾和少先队标识。今后我们将进一步规范升旗仪式,不断规范少先队的各项工作。

要把教育做到离孩子最近的地方,应该把孩子放在主体地位,尊重学生自主性。学生主体性的基本内涵是自主性、主动性和创造性,根据教育现代化的要求,教师要通过启发、引导孩子内在的教育需求,有目的、有计划地组织、规范活动,通过升旗仪式这一实践活动,把孩子们培养成为独立自主、自觉能动、积极创造的活动主体。

(王娟 撰文)

第7天　2019年12月17日　星期二

让别人因为你的存在而温暖

在上周五,科研室的樊小娟主任发信息邀请我参加今天的数学教研活动,我很开心,本来就想通过听课的方式认识数学学科的老师们。我心中有许多好奇:数学教研组有多少个老师,课堂处于一个怎样的状态,评课能力怎样,数学学科组长又是哪些老师,教研风气怎样,樊主任作为数学教研组牵头负责人,组织教研活动的工作能力又怎样呢?只有走进他们的课堂,走到他们的身边,才能准确地发现他们的优势和不足。

下午,我到录播教室参加了数学组的集体教研活动。数学教研组总共35人,其中16人是在编教师,19人是临聘教师,整个教研组教研氛围浓厚,积极向上。今天的教研课,是由二年级的数学老师郑东燕执教《农家小院》,本课为本单元最后一课,是乘除法综合应用的课程,应该是复习课类型。郑老师在引导学生准确理解情境图的基础上,科学合理地运用开发情境图的教学功能,并及时总结什么情况用乘或除法,给学生建构了数学模型,让学生在练习中很快的反应本题实际在解决什么问题,应该采用乘法还是除法。课后,我邀请4名学生对郑老师的这节课进行评价。数学老师很诧异,不知道我葫芦里卖的什么药,其实课堂的主人是学生,老师的课他们是否喜欢,好在哪儿,需要改进的地方在哪儿,他们最有发言权。4名二年级的孩子虽然语言稚嫩,但也能说出自己对这节课的感受。我抓住机会引导每个数学老师,一定要相信每个孩子的潜能。

建议:(1)注意小细节,如学生不会写的字、标点符号乱用;(2)

可借用时间条、希沃等教学软件,让课堂更现代化,让孩子思维更活跃;(3)本课教学难点不突出,在总结方面太草草了事,应将重难点放在总结乘法除法的运用上,用实例验证,让孩子理解乘法除法的意义。

在新课程标准下,数学课堂教学强调通过学生与教师双向以及多项的交流互动,充分运用灵活多样、直观有趣的教学手段,调动学生积极参与到数学课堂教学中来,在参与过程中掌握一定的数学知识,发展一定的数学技能,进而形成一定的情感态度价值观。为此,在协和实验小学的数学课堂上应充分让学生动起来,思维活跃起来,手脚解放出来,成为课堂的主人。那么,如何培养学生在数学课堂上参与意识呢?怎么才能让学生成为真正的主人呢?我们需要思考。

夏校长走进我们数学教研组,参与听课与评课。夏校长在评课中说,老师要做一名具有现代教育意识的老师,倡导学生是学习的主体,学生才是课堂真正的主人。在评课中采用了学生评课的方式,请4名上课的学生评一评老师上课好的地方,并且说说好在哪里,有什么建议。虽然我们的孩子只是二年级的学生,孩子们评价的语言比较稚嫩,但也能说出自己真实的感受和体会,从孩子的口中能知道学生在课堂中真实的学习情况,老师再根据孩子的评价进行改进,改进后再听孩子的评价,然后对比分析,提高课堂教学效果。同时,夏校长还强调了教师的专业发展,让执教的老师上课后做到"三个一":一个修改的教学设计、一个评课实录、一个教学反思。

不仅如此，提升教师的专业能力，还应该重视教师对所执教学科课程标准的解读与运用能力。以数学学科为例，《数学课程标准》提出，让学生亲身经历将实际问题抽象成数学模型，并进行解释与运用的过程，进而使学生获得对数学理解的同时，在思维能力、情感态度与价值观等多方面得到进步和发展。实际上，就是要求学生把学习数学知识的过程，视为建立数学模型的过程，并在建模过程中培养学生的数学应用意识，引导学生自觉地运用数学的方法去分析，解决生活中的问题。关注教师专业发展，提高教育教学质量，最终受益的是学生，而学校的目标就是培养人。一所内涵式发展的小学必定以提高教学质量为根本目标进行教学革新，教学革新首先就是课堂教学，而课堂教学又必须依托于教师的专业素养。

（樊小娟　撰文）

第8天　2019年12月18日　星期三

"四段式"新教师专业发展课程体系

上周，教导处黄军主任邀请我这周三参加新教师亮相课的总结会，我把它慎重地写进了我的周工作行事历，时刻提醒自己不要忘记。因为参加这个会，对于履新的新校长来说有四点意义：（1）可以静观牵头此项目的行政人员的管理协调指导能力，发现他的优势和不足；（2）了解履新学校在促进教师专业发展上的举措，有无故障点和盲点；（3）了解新教师群体规模有多大，涉及哪些学科；（4）借此机会可以了解新教师对自己专业成长有哪些诉求，为后续工作找到依据和方向。

黄军主任牵头这项工作，会议安排得规范而紧凑，有方案、有流程、有主题、有主持。黄主任昨天熬夜做了一个新教师亮相课的视频，回顾这项活动中每个老师的精彩亮相，这一点让我感动。因为站在老师的角度去想，每个人都有得到认可的需求，总结会就是要让每个新教师感受到参与的存在感。但因为网络原因，视频在播放时不流畅，效果就打了折扣，我提醒黄主任在会议前一定要试播，拿给老师的课程一定要有质量。

这次活动，教导处征求我的意见，是否按老师们上课的质量评出优秀和合格。我回复一定要评，任何事情做后没有评价就白费功夫，评价促反思、促改进。但因为我们的这个项目活动面对的对象是新教师，对这群刚从大学生转换成教师角色的"大孩子"来说，保护他们的自尊心和上进心需要讲究说话技巧。所以，我在讲话时很注意分寸和新教师的接受心理。

首先，谢谢全体新教师为大家上了研讨课，每一个站上讲台的老师都是成功的,我们重在参与的历练,而非结果;今天的一堂课上得好不好,不能说明你的课永远都好或不好,聪明的新老师会借此机会找到自己的优势和劣势,不断地修炼自己,让自己以后会更好。

其次,教导处在阶梯教师专业发展的培养上,应该为新教师进行系统性的课程构建。我建议可以探索"四段式"新教师专业发展课程体系,即每年九月新教师进校,举行"名优教师示范课"课程,让新教师观摩,上课有"拐杖";十月"家长开放日活动同课异构"课程,让新教师有"操练场";十一月"师徒结对过关"课程,让新教师有"试水场";十二月"新教师亮相"课程,让新教师有"比武场"。

新教师只有通过这一个个课程投放,他们才能站稳讲台,上出"有模有样"的课。因为有了这些话语的沟通交流,会场开始凝重的气氛一下活跃起来,我们在颁发新教师"亮相课"的优秀和合格奖时,每一个年轻人脸上都挂着劳动后快乐的笑容!

"心"打开了,做起事来就有了力量!

教师日记

今天,是为我们学校新教师亮相活动课画上句号的日子。夏校长、教师发展室、教务处、各学科评课组组长,以及所有新教师齐聚一堂,共同为这喜悦的时刻画上圆满的句号。

教师是学校发展的第一要素,也是学校发展的核心竞争力。师资队伍是保证一所学校持续、稳定、高效发展的重要基础和先决条件。

根据我校师资的实际情况,在教师发展室的精心组织下,我校新教师亮相课活动圆满收官。一方面，此次活动旨在检测青年教师的教学基本功，以及熟练运用现代教育手段的能力；另一方面，希望通过本次活动，提高新教师的理论修养和专业素养，能够更加高效优质地承担今后的教学工作。

一路前行，只要努力了，就会有收获；只要努力了，就在不断成长，就是最好的自己。夏校长希望新教师亮相活动课程能够做得更深入，她说，获奖的名次只是一节课呈现的效果而已，并非对老师的努力和能力的终结性评价。我们的老师从近两千余名求职者中脱颖而出站上协和讲台，就已经证明了自己，所以，大家要有学科自信、能力自信、发展自信。

为了加强对新教师的引领和示范，我们应该有一套完整的教师赛课制度，有文化有目标有思想有评价，指引老师们的上课。宝剑锋从磨砺出，好课是磨出来的，好教师也是磨出来的，在教学实践的千锤百炼中，这些讲台上的璞玉会越磨越光亮。

（黄军　撰文）

第9天　2019年12月19日　星期四

让"毕业出口"有质量

作为履新校长,不管何时上任,一定要熟悉学校全面工作的同时,清醒认识哪些重要工作需要一上任就要关注,并采取措施持续跟进。

毕业班工作就是其中的一项,我想这是每一个校长应有的共识。抓毕业班工作,不是功利地去一味追求升学率,当前的义务教育阶段,这一点已经弱化。我认为要抓的原因有以下方面:

(1)解决孩子"出口"迷茫问题。虽然现在九年义务教育就近入学,但有些孩子户口没在这儿,外来务工手续没办齐,自己毕业后究竟走向何方很迷茫,有书读吗?在哪儿读?家长"焦虑",孩子"焦虑"。

(2)解决孩子"出口"心理的问题。毕业班的孩子处于青春期,身体有了变化,心理有了变化,人际交往出现障碍,如果不细致入微地引导和关怀,孩子们有可能"误入歧途"。

(3)解决孩子"出口"学业质量的问题。孩子们学业成绩千差万别,毕竟在明年六月有一次毕业考试,这是对他六年小学学业成绩的终结性评价。考好了,以后的学业发展会增强信心;没考好,也许会有阴影。六年级会有一个总复习阶段,怎样让孩子抓住这个契机把学业成绩补救过来,需要孩子的努力和家长老师的帮助与支持。

六年级就是孩子成长的"一道坎","这道坎"很累,很难,如果不讲究科学,不下深功夫,不按规律办事,不提前做好规划,不做好教师、家长、学生之间的沟通,就会与育人目标渐行渐远,甚至背道而驰。更为重要的是,出口质量事关学校办学尊严!

所以,我履新后的第九天决定召开毕业班工作会。

12月19日中午,毕业班工作会在会议室举行,为学校教育质量出口把关,共同谋划学校毕业班的工作。教学质量是学校的生命线,《中共中央 国务院关于深化教育教学改革全面提高义务教育质量的意见》指出,"着力培养认知能力,促进思维发展,激发创新意识。严格按照国家课程方案和课程标准实施教学,确保学生达到国家规定学业质量标准。充分发挥教师主导作用,引导教师深入理解学科特点、知识结构、思想方法,科学把握学生认知规律,上好每一堂课。突出学生主体地位,注重保护学生好奇心、想象力、求知欲,激发学习兴趣,提高学习能力"。

根据文件精神,按照教育局要求,结合学校实际,夏校长到任九天后,深入调研学校教学情况,认真听取教务处毕业班工作安排、学科教师工作诉求以及工作中的困难,对毕业班提出如下要求:一要守住质量底线,二是团结协作勇于攀登。针对老师们提出的问题和困难,夏校长指出,以"跟进月测、家长会、学生会、专家蹲点指导"等方式,帮助老师们解决困难,提升老师学科素养,提高教学质量。

静下心来在课堂教学中寻找快乐,提升课堂教学质量,是作为一个老师的职业素养;严守质量关,将教育质量做成一张名片,是学校的不懈追求。对此，学校应该安排业务能力强、经验丰富、干劲十足的老师入驻毕业班，针对毕业班工作的奖励要全面跟上。这样，才能使老师潜心教学，在教育道路上追求卓越。

（黄军　撰文）

第10天　2019年12月20日　星期五

学校没有"副科"教师

要实现立德树人的根本任务，学校必须坚持全员全过程全方位育人。那么，每一个学科教师的角色与价值都不能被忽视，要培养具有国家意识、人文情怀、科学精神、国际视野、专业素养等全面发展的学生，每一个学科重需要，也都能够贡献力量。

我为什么要说学校没有"副科"教师？其实这个标题在彻底抛弃一个传统过时的观点，也是在表达我作为一个校长的理念"教师都是平等的"。

近段时间一直都被教导处几个主任邀请参加语文、数学的工作室的教研活动，而另外的学科，如英语、科学、音乐、美术、体育、信息技术、道德与法治、综合实践活动等课程的任课老师，我也想尽快地走进他们，了解他们常态课的教育教学，了解他们课后服务团队的建设，了解他们的工资待遇、生活需求，了解他们专业发展培训的需求。我想让这些有特长的老师生命灵动起来，在教育教学中展现自己的才华，成就自己、成就学生。在大力实施素质教育的今天，每一个学科都重要。培养什么人，怎样培养人，每一个学科的教师肩上都有着沉甸甸的责任。我不想做一个只在口头上关心这个教师群体的校长，我实实在在地想为他们服好务。

于是，我就有了召开一个"综合科"教师联合会的想法，今天就开始行动！

12月20日，音乐、美术、体育、信息技术老师在会议室召开了"艺术，让生活更美好"学校艺术工作会。

夏校长说，我们要紧紧围绕区教育局"强化顶层设计、实施精细管理、突出质量核心"发展思路，全面实施素质教育，大力发展学校艺术教育。要把艺术教育作为学校的特色工作，常抓不懈。要把艺术教育作为学校实施美育教育的主要内容和重要途径，作为提高学生道德水准，陶冶学生高尚情操，促进学生智力和身心健康发展的有效手段，不断推动艺术教育特色化发展，实现师生们"让每个生命都绽放精彩"的发展愿景。

兴于诗、立于礼、成于乐。诚然，中国自古对美育就很注重。生命质量的提升，灵魂建设的加强，以及人文维度的拓展，都离不开艺术教育。给孩子最好的礼物，就是培养他的审美力。而我们，每一位艺术老师，就是那个送礼物的人。对于艺术老师而言，每一个人都要有自己的学科尊严，要在自己的专业上有一席之地。并且，要加强团队协作，围绕工作目标，结合学校实际，根据学生的需求，有特色，有创新，创造属于我们自己独一无二的艺术教育品牌。

有了美的欣赏，我们才会有美好的生活。我们做的每一项工作，都是为了孩子的终身发展，当代的艺术老师，不仅是美的传播者，引领师生们艺海扬帆，实现"让每一个生命都绽放精彩"的发展愿景，更应该努力成为孩子心中"美神"的化身。基于此，我们梳理出了近期需要开展的工作。

（1）加强学习。坚持以往的组内交流课，人人献，人人评，人人学。参加课外教研，提升专业技能。

（2）抓稳课堂教学。关于备课，把握重难点，设计合理的教学过程。关于课堂，在组织能力、表达能力、课堂掌控、教学手段中体现自己的综合素养。

（3）开发本校特色课程。结合各位老师的特点，构思课程开展，包括：扎染、中国画、创意线描、重彩油画、水彩、黏土造型、丙烯画等。

（翁源　撰文）

第11天　2019年12月21日　星期六

休息

第12天　2019年12月22日　星期日

休息

第13天　2019年12月23日　星期一

让会议有敬畏感

今天是第十七周星期一，协和实验小学按惯例在单周下午要召开全校教师工作会。我非常重视履新以来的第一次全校教师工作会。因为，第一个全体教师会议，承载着传承学校精神，绘制学校发展前景，激发教师激情的重要使命。对此，履新校长要精心策划、认真准备、全心投入，有头有尾，以期收到良好的效果。

但考虑到，还有三周的时间就要放寒假了，这次教师会只有90分钟，对于所有行政人员来说，一定想利用这次会议给老师们布置期末复习、考试、收交总结和下学期计划等工作。作为新校长，只能将时间让给其他行政人员。但是，第一次全校教师会不讲也不行。于是，我把会议时间进行了一个分配，要求每个行政人员10分钟把事情讲清楚，刚好6个行政人员，60分钟的时间。后30分钟留给我讲。

为了每个行政人员10分钟把手头的工作讲清楚、讲全面、讲透彻，我利用上周五行政会对每个行政人员的期末工作进行谈话，并把部门工作进行整合和统筹，部门正副负责人意见整合，由一人代表汇报，这样节省时间。为了把工作说清楚，期望他们在布置任务的时候一定要将"六层次"说清楚，即"什么事情，事情的意义或重要性，完成时间，什么时候交，交给谁（牵头负责人），怎样评价"。同时，会议一定做到参会人员座位固定、有主持、有服务。主持人点名、会议纪律提醒，串联过渡每个人的讲话。这样，才会给参会的老师留下规范、高效的印象，才会让老师们感受到会议的敬畏感。从而，不随意交头接耳，不擅自离开座位。

我为了让30分钟校长讲话达到老师们记住我、接纳我的效果，设计了这样的几个环节。

（一）做一个新校长履新视频

包括：从参观熟悉校园，到遇到甲流事件。与安全处一起做防控预案，到参与语文、数学、英语、工作室、教研听课活动。从第一个周末带行政、年级组长、学科组长参观双华小学，到行政班子工作分工的明晰，成立课程处，构建党员干部周行事历销号制度。参与迎新年音乐会策划，到利用朝会与学生互动见面。早上到校门口迎接学生，到处理老师与学生、家长的不愉快。给门卫安保开会，与食堂工人交流，参与协和街道例会……一件件，一桩桩，记录着我对新岗位的努力融入。

（二）为老师们描绘学校发展的愿景

由于当前学校文化缺乏系统梳理，学校体制、机制、人事、课程建设、课堂主张都处于混沌状态。上周五下午，我与部分行政老师就学校体系问题进行了3个小时的讨论交流，并确立了学校新的发展定位，即"办成离天府新区最近的一所名校，或是怡心街道一张靓丽的教育名片"。

首先，文化立校。寻找协和实验小学发展的魂，厘清学校的办学目标、育人目标、办学理念，以及做好学校的新五年规划。在上周末，我根据学校的地域与学校校长变更的重大事件，有了以下的初步想法。

（1）学校精神象征符号：剑。首先，学校地处剑南大道；并且旁边有武警警官学院，警与剑相连，都代表保家卫国。其次，剑在中华传统文化中，是君子气质的表征。例如：宝剑锋从磨砺出，梅花香自苦寒来；十年铸剑只为炉火纯青，一朝出鞘定当倚天长鸣……

（2）学校精神：剑锋出鞘，肝胆相照。剑锋出鞘："锋"还代表特长。"剑锋出鞘"也寓意个性发展，倡导主动亮出我自己。与学校前校长提出的"让每一个生命绽放精彩"一脉相承。肝胆相照：比喻真心诚意，以真心相见、互相坦诚、交往共事。"肝胆相照"倡导互动共生协同发展，与学校名称"协和小学"一脉相承。

（3）环境养校。尽快梳理出文化，完成学校文化顶层设计，分阶段实施学校环境改造工程，包括足球场草坪建设、旗台、学校党建活动室、德育阵地等。

（三）构建与现代教育匹配的治理体系

依法治校，进行机制和体制的变革。例如新当选年级组长的履新，调整行政分工以及成立课程处，完善各种规章制度。例如，改革课程考核制度、评优选先制度、请假制度；建立行政办公会年级组长列席制度、新选用内设干部制度等。

我期待，以亲切诚恳的态度开场，逻辑清晰的流程分享，昂扬振奋的精神收场，让理想、团结、奉献、温暖在第一次教师会中流淌。

今天又是很受锻炼的一天，因为我是党政办主任，所以周一的教师大会全权由我主持。之前的任务就是点一下名，今天就完全不一样了，全程坐在100多位老师的正前方，对于腼腆的我而言，难免不适应。夏校长是一位观察力很强的校长，可能早就看出这一点，特地在开会之前鼓励我："没事的，您可以！"

从开会前给老师们发出的通知，开会时给老师们的温馨提示，甚至包括用词用句，夏校长也提前和我进行了交流。假如将这套制度进行梳理，也就固化形成了学校的教师会议制度。开会的时候，我最开始还是有一点紧张的，觉得自己语言积累不够丰富，不知道如何过渡老师们的讲话。但在夏校的鼓励下，我逐渐应对自如。第一次的教师大会，讨论了关于学校文化顶层设计的问题。

在这之前，我也曾思考，一所好的学校应该有文化底蕴，就像那时我刚上班，彭镇小学没有什么特点，只觉得是一所成绩靠前的学校在走下坡路，而随后和双流区实验小学形成教育集团后，学校提出"和谐"校园的文化，把"百年银杏"作为学校的特色，瞬间觉得彭镇小学变了一个大样。今天的协和实验小学也需要一种文化的渗透。

我认为，学校文化是一所学校共同价值观、愿景、行为规范、思维方式等的综合体现，也是一所学校特有的个性和气质。学校文化可以确切地说明一所学校的个性，说明学校之间的千差万别。它总结了学校的过去，反映了学校的现在，影响着学校的未来。

（叶丽娟　撰文）

第14天　2019年12月24日　星期二

让每个学科都有尊严地存在

履新协和实验小学,我最大的愿望就是让每一个学科教师有尊严地工作,成为学科岗位上的行家里手,力争把管理做到离教师最近的地方。

到协和实验小学,我以课堂为媒介,熟悉我的新同事。履新的第一周和第二周,我走进了语文、数学、英语课堂,认识了语文老师樊明翔、袁绒,数学老师郑东燕、王蕾、李文丽,英语老师何淑平。这周是第三周,星期二,我走进体育和信息技术课堂。上午第一节课是由体育组组长吴鹏老师执教的二年级《小足球运球》课。

有关统计表明,我国足球运动在少年时期的发展远远落后于足球发达国家,造成这种局面的主要原因是在该阶段孩子的身体素质发展远落后于足球强国的孩子。运动员的身体素质决定了项目的发展,而当前青少年身体素质不能够适应足球运动发展趋势。

协和实验小学的女足特别强,明年七八月份要参加成都市青运会,我校是双流区唯一一所参赛的女足小学,作为校长,我感觉蛮骄傲的。刚到学校的第三天,我和吴鹏组长一起召开了女足家长动员大会,面对这样一个特色课程,怎样去发扬光大,怎样做到"普及"上的"特色",既是校长需要系统思考的问题,也是以足球作为生长点,让体育老师团结合作,提升体育尊严感的一次机会。

如何提高学科尊严感?学校各个学科达到一定的自觉和规范,并且得到外部的积极评价和肯定时,才有可能谈及并提升其学科的尊严。尊严的内涵包括自尊和他尊两个方面。自尊与他尊的相互转化，以及其各构成要素之间的相互作用是学科尊严实现的原动力。通过提高学科共同体成员的专业素养，规范学科的研究内容，拓展学科的研究视角，提升此学科对其他学科的影响力，是提高学科尊严的有效途径。

积极推进素质教育，促进学生全面发展，健康成长。前提是要坚持"健康第一"的思想，凸显体育教学在小学教育中的重要性。提升体育教学的学科地位，提升教师专业指导水平，让学生在校园体育活动中获得专业的指导和训练。但是，在传统的体育教学中，无论是准备活动还是教学内容，存在单调乏味的现状，学生对体育课缺乏兴趣，缺少主动性。为了扭转这种局面，学校需要建设有鲜明特色的体育活动或具有创新性的课程活动。以足球运动为例，学校需要开展科学训练，制定系统、科学的训练计划，不断完善校内足球竞赛制度，每年有组织地进行校内足球竞赛活动；同时，设计可触及的评级体系，激励学生通过参与校园足球竞赛体系提高自我获得感。

完整的教育基于完整的学科。夏校长到校14天时间，听过不同学科老师的公开课、随堂课。今天，夏校长走进了综合科——体育与健康、信息技术。

通过听评结合，可以关注授课教师是否能及时发现和引导学生认真听讲，把学生注意力吸引到倾听老师的教学语言中来。同时，也是在考察该任课教师的组织教学能力水平。总之，听了两位老师的课，我也学到了一些教学技巧，他们不仅仅展现了作为一名教师所具有的扎实基本功，也展现了他们的人格魅力。我想，只有辛勤的付出，才能在40分钟的公开课上显现出创造性、丰富性与灵动性。

教育家苏霍姆林斯基曾提出了三个口号：到教师中去，到学生中去，到课堂中去。听课是校长深入班级、深入师生中间的一种方式，也是求真务实工作作风的体现。跟随校长一起听课、看课、评课中感受到校长对教师一言一行的观察。课后，与教师面对面的交谈，给教师激励性的评价，营造宽松平和的对话环境，以朋友、同事的身份讨论探究课堂教学的得失，真心实意帮助教师提高教学能力。通过走进课堂听课，真正了解教师在课堂中的教学情况，才能最大限度地了解每一个教师教学个性，更有效地为教师教学"把脉"，才能把教师良好的经验加以推广，可以从中对那些教学存在问题的教师教学进行有针对性的剖析，帮助其提高，促进专业发展，提升其教育教学发展水平。校长通过课堂发现人才，锻炼人才，重用人才。同时，只有在课堂上，校长才能更清楚地看到教师的专业能力和个性特点，从而有效地根据教师的特点调整工作岗位，达到教师队伍的优化组合，使越来越多的教学教研骨干、学科带头人、学者型教师从课堂教学教研工作中不断涌现出来。

苏霍姆林斯基曾说过，"课，就是教育思想的源泉；课，就是创造活动的源头，就是教育信念的萌发园地"。校长走进课堂，关注课堂，聚集课堂，具有示范效应，既对教师是一种引领，一种熏染，也是一种管理文化的体现，更是履新校长做好工作的开始。

（袁乙洁　撰文）

第15天 2019年12月25日 星期三

"跨界"教研

学生发展核心素养的研制，将对整个学生培养与发展带来整体性的改革，同时对学校育人模式提出挑战。而对学生培养实施者的教师而言，需要教师进行自身核心素养的转变与提升，如果没有教师核心素养的及时调整，学生核心素养难以在实践中得到培养和转化。

针对音乐和美术这两个学科的老师，我履新的协和实验小学又是怎样的样态呢？今天早上第一节和第二节课，我带着所有的公共课老师（包括音、体、美、信息技术）走进了音乐老师丁玲和美术老师黄亚利的课堂。丁玲老师上的课是《跳圆舞曲的小猫》，这是一节音乐欣赏课。

音乐是人类最古老、最具普遍性和感染力的艺术形式之一，是人类通过特定的音响结构实现思想和感情表现与交流的必不可少的重要形式，是人类精神生活的有机组成部分。而音乐欣赏课在音乐教育中有着非常重要的教学意义，显示出它所具有的独特的功能和作用。音乐欣赏课可以培养学生敏锐的审美感知能力，在潜移默化中培育学生美好的情操。欣赏课教学方法的选择就显得尤为重要，并且应采取多种教学形式，引导学生积极参与音乐体验，聆听丰富多彩的音乐，从中体验音乐的美，鼓励学生主动探究并对所听音乐有独立的感受与见解。丁玲老师的课堂从听乐曲，猜动物，数叫声，识节奏，到做动作，认乐曲，跳舞曲，想故事，再到运用儿童的肢体语言，让这节欣赏课充满了孩子的笑声，体现一个音乐老师解析的美感。我们常说，一堂好课就是老师站在孩子中间自带光芒，丁老师是带光芒的。

第二节课，我和老师们走进了黄亚利老师的美术课堂《谁画的鱼最大》，这是一节一年级的美术课。开课，黄老师富有童趣的语言、丰富多彩的PPT给孩子们创造了一个有趣的学习情境。但是，由于教学目标的不准确，重难点没突破，学生们的深层思维没得以锻炼，后面的练习、展示、评价，学生们都表现疲软，没有积极性。课后，老师们告诉我黄老师才上班三个月，这个大孩子能有模有样地站稳讲台，应该能顺利成长。作为一个新教师要给黄老师打95分，因为新老师就像学生一样，在不断地进步。对新教师的标准就是站稳这个讲台，上课要有模有样。"模"就是指流程清晰，"样"就是指教态端正。

上完美术课，我和老师们就此围坐在教室一起评课，胡涛主任主持。胡涛主任是协和实验小学的原老，从清河校区，到协和实验小学，将近30年的教龄，也一直在行政岗位工作。从初次见面开始，我就发现与我年龄相仿的胡主任对教育充满了爱和激情，有灵性，也有与众不同的地方。评课环节，老师们告诉我，他们教研从来都是自己研究，从没跨学科联合研究，他们需要一个领头的行政人员来带领，胡主任就是最好的人选。事前与胡姐沟通工作后，她欣然同意。上课的老师先自评，音乐、体育、美术、信息技术再互评……从每一个老师的眼中，我看到了光芒。

最后，为了更好实现跨学科联合研究，提升学科尊严，我有三点建议。

（1）成立艺术与审美课程处，实现间周一次美术与音乐两个学科的跨界研究。

（2）做好艺术与审美课程处的课程建设，从基础、拓展、探究性来思考。

（3）采用随机抽样的方式做好期末检测工作，让每个音乐、体育、美术、信息技术老师都要有自己的质量成绩，实现自己的学科尊严。

  《中共中央 国务院关于深化教育教学改革全面提高义务教育质量的意见》提出,坚持"五育"并举,全面发展素质教育。因此,小学教育,培养的是"德、智、体、美、劳"全面发展的学生。就要求学校对每一个学科都要高度重视,均衡发展。而课堂就是每一个学科的主阵地,教师需要在课堂上让学生获取本学科的知识和技能,为孩子提供全面发展的条件。学而不思则罔,思而不学则殆。教学就是需要教师保持终身学习的意识和能力,教师自我提升的途径多种多样,校内教研是教师学习中参与方式最简单、参与度最高的途径之一。因此,校长应该走进不同学科的教研活动,亲身参与学科研讨,感受教师在校内学习的过程。这样,能让履新校长快速认识各科团队,了解学科基本状况;另外,也能让老师们感受到学校对各学科的重视,既是压力也是动力。

  对于体育课,夏校长提出三个要求:(1)学生必须要流汗,达到运动量的要求。(2)学生必须要愉悦,要高兴地参与这些活动。(3)设计要有科学性,学生能掌握技能。体育组评课活动结束后,我们来到音乐教室,听丁玲老师呈现的音乐课《跳圆舞曲的小猫》;又到一年级十四班,听美术组黄亚利老师的美术课《看谁画的鱼最大》。

  在评课环节,几乎所有综合学科的老师都参与了评课活动。实行"跨界"教研,这是基于各个学科都是相通的,它们都有一个共同点就是育人,通过一堂课,教授学生技能,帮助其掌握知识,提高学生的某种品质；而学科之间的不同在于各科的特殊性，它们的核心素养不同。参与不同学科老师的评课，走出固有的学科模式，感受不一样的课堂，不仅能学到知识，更能看到其他学科的优势。将别人看到的和思考的再联系自身，就能发现差距，找到不足。目前，双流区研培中心正在推进教师"教、学、评一致性"。教师的教法与学生的学法需要一致。设计教学时一定要围绕教学目标，学会取舍，老师们在评课时就要看教师的教和学生的学是否一致，评课要围绕课堂上这三步来。

忙碌的上午，就在综合科教研活动中告一段落。有趣的是，之前我们习惯于称呼体育、美术、音乐、信息技术等学科为"公共学科"或者"艺体学科"，夏校长纠正了我们的说法。这些学科不能单纯因为任教人数较少，课时少，而被认为是公共学科，为了方便学术研讨和教师队伍建设、管理，应该合并统称为综合学科。在此之前，夏校长已经建议教务处将学科建设提上日程，把英语和语文归为人文学科、科学和信息技术统一管理、音体美一起综合。

无论是人文学科，或者是综合学科都具有同等地位，特别是综合学科，需要规范并落实集体教研活动，并做了具体要求。

（1）在学期开始，安排好各年级组轮流上课的顺序、讲座的内容以及每次活动的签到、听课老师记录表、照片和简讯等。有计划、有行动、有反馈，每周一次的集体听课、评课，使得每个年级组上课的老师都会提前在组内进行磨课，最终呈现的将是集体智慧的结晶。

（2）强化行政参与，提升各组自觉性。

（3）打破学科之间的独立性，开展"跨界"教研活动。例如，体育老师感慨道：音乐课随着音乐踏步对于训练学生脚下的速度很有用;科学老师说原来圆舞曲的旋律这么美,能打破学科壁垒,老师们对于课堂的认知有了新的提升。夏校长对德育主任胡涛提出要求,以后综合学科将由德育处直接对接,德育的天地更能给综合学科提供展示的舞台,综合学科间周一次集体教研活动,取长补短。这样更加科学的管理方式,既能相对减轻学校教务处的压力,更能术业有专攻。综合学科互通互助,让学校艺术类学科更加有凝聚力,学科之间融会贯通后,更能迸发新的生机和活力。

(徐蒪　撰文)

第16天 2019年12月26日 星期四

给行政人员开设文化课程

中层干部是学校发展的中坚力量，他们承上启下，其专业发展对于提高学校管理效率和办学水平起着至关重要的作用。

新校长到新校，认识的第一个团队就是行政干部。他们有新的发展了，老师们才能有新发展。怎样既以问题为导向服务于新接手的学校实际，同时又能够提升中层干部的治理能力和水平。履新协和实验小学，头等大事就是追根溯源，找准新学校的文化根基，探索一条文化立校之路。

什么是文化，文化的价值是什么，溯源的途径有哪些，怎样与课程课堂结合起来？我尝试以中层干部专业培训课程的形式行走，使它更快更有效更系统。我思考必须开设一门中层干部学校文化培训课程，把所有中层后备干部纳入这一课程学习中，让大家深度思考学校文化，为学校新的发展点发出自己的声音，做出自己的行动。文化立校、文化养校，教师是实施者，也是最大的受益者。胜利小学的"千里马"文化，双华小学的"竹文化"，这两所我和全体同仁曾经付出十年努力和文化积淀的学校已经成为一方名校，无数慕名而来的教育同行纷至沓来。最美的乡村学校，内涵式发展学校，新优质学校，这两所学校因独特的文化和课程被同行们赋予了许多的赞美和肯定。

文化是一个学校的价值取向，站在文化育人的角度，实现个性教育，才能真正让协和实验小学的每一个孩子绽放生命的精彩。

如何开展文化创新？

第一，要明确"SWOT"，即我校的优势、劣势、机遇与挑战。这是需要所有老师一起思考的问题，在我看来，我校的优势在于我们有优质的教师队伍，崭新的学校硬件设计，而作为校长，十年校长生涯，我自信有成体系的办学思想、教学理念和策略。从胜利小学到双华小学，我以文化立校，走出了学校特色发展的道路，让文化成了一个学校的魂。但新学校的劣势是，教师队伍较为年轻，缺少经验，课程建设还不够完善，这些都是需要我们今后努力改进的地方。

第二，加强团队协作。实现文化育人，焕发文化的凝聚力，需要所有行政人员、后备干部同心同德、真诚交流、齐心协力探索文化传承创新之路。立足实际、找准定位、多维度探讨，力求抓出学校发展核心，使学校文化落地生根，发芽开花，凝聚成学校顶层。

第三，构筑全员共建的校园文化体系。发挥学校师生在校园文化建设中的主体作用，要树立全员共建校园文化意识，上至学校领导、下至每个师生都要重视、参与校园文化建设，一起为学校的未来描绘蓝图。

———— 教师 日记 ————

曾有人说文化无用，质疑文化的重要性。从理论来看，在《中小学生德育指南》中，明确提出"课程育人、文化育人、实践育人、活动育人、管理育人、协同育人"六大育人途径，文化育人有着其不可替代的作用和不可撼动的地位。要做好文化育人，就要做好学校文化建设。

校园文化是学校教育的重要组成部分，是学校精神、学校活动、学校秩序和学校环境的集中体现，具有重要的育人功能。并且，校园文化也是一所学校综合实力的反映，是现代学校的灵魂。因此，学校文化不是游离于学校现实之外，它以其与众不同的校本魅力，强有力的感召能力，充分发挥纽带作用，来满足、适应学校个体成长的需求。学校文化建设要坚持师生主体、协同共建的原则，建立在教师、学生、家长、社会对学校文化高度认可的基础上。校园文化建设包括校园自然环境、人文环境建设和校风、教风、学风建设，这三个方面建设的全面、协调的发展，将为学校树立起完整的文化形象。其中，自然环境是基础，校园环境要做到环境优美、安全有序，文化活动设施齐全；人文环境建设是核心，学校需要结合自身特点，集中反映学校的办学理念和学校精神，精心布置各种场所，使校园各个角落，都有利于给予学生文化熏陶。良好的校风、教风、学风建设是保障，这是提高学校文明程度的重要体现。而这种影响往往是任何课程所无法比拟的，它是学校精神的整体价值取向。

尽管到了双华小学实地参观，老师看到了校园文化外显的部分。但校园文化具体指哪些内容？我们如何构建校园文化？今后又怎样落实？这些内涵部分，老师们还有困惑。为了解答以上问题，26日上午，学校全体行政人员、各部门干事，以及音乐、体育、美术等学科组长，一起在三楼会议室参与校园文化传承与创新启动会，并邀请到了对校园文化打造有丰富实践经验的马昕老师和她的团队做分享、交流。

通过马昕老师的案例展示，我们知道在进行学校文化建设的过程中，可以从四个方面着手，分别是顶层设计、视觉设计、景观设计和室内设计。这样设计的校园文化，整体性强，辐射面广，层次深入，不流于形式。让整个学校由内而外，由外而内，都体现的是统一的文化理念。对此，我也有了自己的思考。

（1）做好文化传承工作。首先，在寻找学校外显文化时，不应完全舍弃我们现有的资源，要追根溯源，从地域、历史来提炼形成我们学校自己的魂。其次，明确我们现在已经做到了什么程度，在此基础之上，将核心理念与我校现有的东西相结合决定应该怎样做。学校现有的理念是让"每个生命绽放精彩"，实现学生个性化发展，这是需要坚持的。最后，构建校园文化，要找准核心问题，找好抓手、切入点，从中建立学校的育人机制。

（2）注重文化顶层设计。不能简单地理解校园文化就是标语口号的宣传、板报以及教室内部的装饰布置。它是学校办学要素的顶层，各部门、各要素都要与文化顶层设计紧密相连。文化顶层设计，这是学校凝聚力所在。作为思想取向，它能发挥价值引领的作用。以班务工作为例，文化能给传统班务工作带来直观改变。传统班务工作的总结基本都是统一范式：班级学情分析，班干部团队活动开展，今后工作的努力方向。在文化引领下，可以转变思维，先提出问题（班级核心问题）—分析问题（确定治班策略）—解决问题（落实行动）—评价、反馈（达成与不足）。在进行班务总结时，第一，应该提出班级管理的核心问题，即班级核心文化（为什么），而且班级核心文化一定是与校园文化建设一脉相承的。第二，治班理念的确立、治班目标的设置（短期、中期、长期）以及可检测（做什么）。第三，是落地班级治理的具体策略（如何做）。值得注意的是，如果老师们不希望文化设计停留于蓝图和愿景层面，那就必须联系自己实际为顶层设计提供基石，再用顶层设计指导相关的教学和工作，给予支撑，最终以可实施、可操作的外显成果印证学校顶层设计的科学与合理。

（3）加强文化辐射传播。学校文化需要从师生中来，到师生中去。以学校吉祥物为例，它应该是学生比较熟悉的事物，能给师生直观的文化感受，而不仅仅只是理念，这样的校园文化不仅有装饰外表的作用，更有深化师生内心的作用。

（徐蕖　撰文）

第17天　2019年12月27日　星期五

学校管理系统"再造"

一个学校的组织机构怎样设置，才能让学校精细化管理有序运转，做到人人有事做，事事有人做，时时有人做，这考验着校长管理布局的能力，我想凭借自身的努力，科学规范创新性地推动学校组织结构的变革，促进学校适应时代要求，实现高品质的内涵式发展。

对于组织体量是双华小学两倍的协和实验小学而言，2417个孩子，130个老师，六个年级，50个班。同时，年级之间的班额存在不均衡的现象，六年级4个班，五年级5个班，四年级7个班，三年级8个班，二年级12个班，一年级14个班。如果不排好兵布好阵，机制建立不科学，管理人手空缺，职责分工不明确，制度不完善严明，学校的重大决策和重要改革措施就会在中层干部层面大打折扣，时效性和实效性难以得到保障。于是周五早上惯例行政会，我还邀请了六个年级组长参与。

我给行政班子开设了一个"中层干部管理课程"，与他们共同分享和梳理了学校"四层次七类别"的组织结构设计和再造。

我国台湾地区教育行政学者谢文全指出，包括学校在内的各种组织结构，从职务上看基本分为四个层次，分别称为高层、中层、低层管理职及基层员工职。高层管理职（校级干部）负责总目标及资源政策之拟定；中层管理职（中层干部、蹲点行政、干事）负责分目标之拟定及将上级政策具体化，并协调下级之工作；低层管理职（项目组成员、年级组长、学科组长、办公室组长）负责指挥与协调基层员工，以执行上级之决定；基层员工职为实际工作之执行人。依据当前双流区教育局设置的科室来看，大多学校组织结构变动的关注点在中层管理职和低层管理职层面，高层管理职（校级干部）的变动由教育局决定。在中层管理职方面，教育局要求学校设置，包括"党政办、教导处、德育安全处、总务处、信息技术处、工会等在内"。审视协和实验小学的组织机构设置现状，一是缺信息技术处，二是管理岗位空缺和人员空缺。所以，这是我带着行政班子讨论的第一个重点。

随着课程改革的深入，仅仅设置行政部门是远远不够的。我们的设置需要与课程改革配套，建立促进教师发展和学生发展的课程建设中心。课程建设中心分为教师发展中心和学生发展中心。教师发展中心设立一个"协同会"，"协同会"下设六大课程处，分别是人文语言课程处、数学与思维课程处、科学与技术课程处、审美与艺术课程处、健康与安全课程处、品格与行为课程处，并且需要指定相应的行政负责人；学生发展中心就设在少先队大队部，包含学生评价中心。要想从倡导走向指导到督导，解决学校管理的障点和盲点，就需要采用行政管理与专业引领两条腿走路。

事实上，讨论学校组织结构变革，最终都会回归到如何认识学校组织的性质这个根本问题上来。一方面，学校组织在走向复杂化、集中化和正式化的过程中，越来越明显地表现出如韦伯所说的科层制特征，像学校组织中的管理部门，就具有明显的科层属性，大多采取科层制的管理方式。另一方面，学校工作在专业化的过程中又表现出松散连接特点，像学校教学部门就属于专业系统，教师拥有较高的专业自主权。欧文斯认为，20世纪80年代中期，组织研究者基本上达成了共识，认为教育组织在一些主要方面是松散结合的，在另外一些方面却具有鲜明的科层组织的特点。欧文斯强调，要深刻理解学校技术活动的中心是松散结合的，非教学活动常常是紧密结合的。学校作为一种社会组织，具有双重系统属性，只有系统思维才可能真正认识和把握。这显然是值得我们重视和需要我们认真考虑的。

我反思，学校管理系统是推动学校课程建设和改革的重要助力系统，无论管理思维和管理模式，乃至机制变革都是为了成事成人，为了实现学校教育人力资源的最大化、最优化的发展。作为履新校长，在学校组织机构（双重系统属性）的设置上需做三件事：（1）设置组织机构（行政系统和专业系统。行政系统有三化特点：复杂化、集中化和正式化。专业系统的特点是松散连接，教师拥有较高的专业自主）。（2）明确每个部门和人的职责。（3）制定规章制度和考核制度。

在今天的中层干部管理课程上，夏校长在给大家讲要明确岗位职责时，提到了学校的人事层次应该是正式行政、内设行政、后备行政、年级组长、学科组长、办公室组长，并且每个人都要清楚自己的职责，要做到人人有事做，事事有人做，时时有事做的精细化管理。精细化管理是现代学校科学化管理的重要体现，它不仅是一种管理理念，更是一种精益求精的文化。《道德经》中谈道，"天下难事，必作于易；天下大事，必作于细"，一语道破了精细化管理的重要性。

但是，精细化管理作为一种技术取向的管理思维，如果过分追求，就会过犹不及，适得其反。另外，管理需要人文关照。学校管理的对象是人，不管是姿态万千的学生，还是风格各异的老师，都是对人所做的工作。因此，尊重、关心与信任，促进老师的能力自觉，提高老师的能力自信，是学校管理的开始，也是管理的目的。学校管理的本质就是协调。协调关系、化解矛盾、减少内耗、提高效率。所谓"用人不疑，疑人不用"，让每一个老师甘心情愿去做的前提是，你充分尊重他（她），无条件信任他（她），重视他（她），这是让一个老师从内心信服的基础。每个人都有自己独特的魅力和令人侧目的能力，如何促进老师的能力自觉，端正老师的工作态度，提高老师工作的积极性，这是对学校管理者管理艺术的极大考验，不仅仅只是依靠精细化管理就能实现的。

学校管理是对教师的责任意识、纪律意识和教学行为的管理，要把提高教师的素质，处理好教师之间的关系，满足教师合理的需要，充分调动教师的积极性、主动性和创造性，营造和谐的校园环境等摆在重要位置，才能为提高学校办学水平和教学质量奠定坚实的基础。老师们存在年龄、家庭环境、教学能力等差异。我认为，作为管理者，要坚持以身作则，注重引导教师扮演好"两种角色"。

一是扮演好教师角色。在学校，注重个人仪表、振奋精神、全身心投入工作，在一言一行当中树立良好的师表形象。对待学生像对待自己的孩子那样，用发展的眼光，给予学生更多关爱、尊重和理解，经营好与学生之间的关系，真正做到爱生、尊生，使学生"亲其师，信其道"，让学生从内心深处和你共同努力前行，从而提高教和学的质量。

二是扮演好家庭角色。关心教师不仅仅是关心他（她）的工作，还要关心他（她）的生活。人是有感情的，学校要主动帮助老师排忧解难，使他们可以全身心地投入工作。让我们的教师走进家门，有一个温馨、舒适、和谐的家庭氛围，工作上也就能得到家人的支持和帮助。时时激励教师，让欢声和笑语围绕在他（她）们身边，优秀做事，幸福做人。

（黄军　撰文）

第18天　2019年12月28日　星期六

休息

第19天　2019年12月29日　星期日

休息

第20天　2019年12月30日　星期一

特色课程要有"特色"

课程是学校的核心竞争力。一个学校办得好不好，其中一个评判标准就是开设的课程是否丰富，是否能为每一个有需求的学生提供他们的特色课程。

作为一个履新校长，我非常关注新到的学校三级课程开设的规范和效果。通过前两周密集听课20节，我了解到学校基础课程（国家课程），除了书法课程，我校基本开足开好了。但学生的个性要发展，还在于学校要为学生们提供个性化的定制课程。个性化的定制课程，学校以社团课程存在，利用课后服务时间定点定时上。通过调研，学校的特色课程分为两种形式：一类是校内老师提供；另一类是根据学生家长的需求，引进第三方机构开设的。本学期开设有8门：民乐、武术、国学、低段和高段国际象棋、中国象棋、围棋、3D打印、乐高编程。这些课程质量怎样，家长和学生喜欢吗？这些问题我想通过他们的汇报演出给予评判。于是，我有了办一场"唱响新年新梦想"音乐会的想法。

我把这个任务交给德育安全处袁乙洁和胡涛两位主任，交代了活动的目的、意义、前期工作的准备，协商好流程，她们召集学校的音乐、美术、体育老师以及培训机构的老师，进行紧锣密鼓的筹备。音乐会筹备过程，我没有参与，我在观察学校德育安全处承办大型活动的能力。但是，正式演出时我必须出场，不能让参加演出的家长产生学校与外来培训机构"合伙"挣钱的误解。我要旗帜鲜明地表达学校引进课程的目的，是为每一个有需求的学生，通过学校课后服务的形式，以各方面远远优于市场培训的水平，提供他们所需的特色课程，让每一个生命绽放精彩。

参加学生们和校外机构的艺术老师们联合举办的迎新年音乐会，看了老师和学生们的精彩表演，我有三点感慨。

（1）这儿的孩子真幸福。在学校内就能学到管乐团的长笛、单簧管、小号、圆号、萨克斯，就能学到架子鼓、古筝、小提琴、口风琴等。你们知道吗？孩子有一门特长是多么的重要，从近期来看，可以增加孩子对读初中的选择权；从长远来说，一个孩子拥有一门特长，可以终身拥有快乐和自信。今天能上台的孩子好棒，我问了一下乐团老师，他们有的仅仅才学了三个月，站在台上，他们的展示是那样的勇敢和自信，这是他们成长路上非常宝贵的一次经历和财富。参加一次活动虽小，但收获的是面对生活和世界的勇气和力量。

（2）一个学校办得好不好，其中一个评判标准就是开设的课程是否丰富，学校是否努力为每一个有需求的学生提供他们需要的特色课程。

（3）以课后服务的形式，开设特色课程，具有多种优势。当前，小学生放学时间与监护人下班时间的不一致，导致对学生的照顾存在"空档期"，使得其普遍面临"三点半难题"。推进课后服务有利于为学生提供良好的成长环境，妥善治理"三点半现象"。因为，学校可以统筹社会教育多方力量形成育人合力，减少学生的无组织活动，填补学生监管空白。相较于校外机构而言，学校能发挥其教育功能、看护功能，更高效、安全地为学生提供服务。

　　学校努力为每一个有需求的孩子提供适合他们个性发展的特色课程。我们的师资有限，那我们就必须借助外力，借助专业的培训机构，让他们为我们培养人才服务，使学生得到最好的发展。

　　12月30日的迎新年音乐会源于一场偶然。那天，天之音国际学校的陈燕老师来学校，商量期末能否让他们在学校举行一场学生的汇报演出。原本很忐忑的她，没想到得到了夏校长的大力支持，夏校长告诉她，他们不仅可以自己做汇报演出，而且还可以和小主持俱乐部、武术等其他社团一起，跟学校合作组办一场"唱响新年新梦想"的迎新年音乐会。

　　在夏校长的支持下，我很快与天之音艺术学校、成都电视台小主持人俱乐部、武术社团贾老师、学校音乐组的老师们联系，大家从敲定方案到决定彩排、演出时间等事项只用了60分钟。一场属于协和实验小学的第一次迎新年音乐会紧锣密鼓地开始筹备了。

　　音乐会表演的日子到了，当妆容精致的夏校长一大早站在我面前的时候，我知道她对此次活动有多重视了，这大概就是人们常说的仪式感吧。夏校长和我讨论了演出的一些细节，我们分头开始准备。在所有工作人员的努力下，音乐会顺利进行。开场的管弦乐演奏效果让大家震撼了，所有人都屏住了呼吸静静聆听，这就是艺术的感染力吧，孩子们也随着音乐的节拍沉浸其中。武术老师精彩的表演把活动推向了高潮，穿插在里面的电影配音，让孩子们啧啧称奇。最后的萌芦丝器乐合奏,为音乐会画上圆满的句号。演出结束后,夏校长对大家说,在以后的工作中,学校会根据孩子的需求开设更好更丰富的特色课程,为家长和孩子的需求搭好台、服好务。希望家长们能看到孩子的潜能与精彩,社会能看到协和实验小学的品质与发展变化。争取在三年内把学校打造成当地一所高品质名校,让所有的孩子享受优质的教育资源,力争把教育做到离孩子们最近的地方。

的确,课程是社会生活的经典浓缩,丰富而又有选择的学校课程就像是为孩子建造了一座人生主题乐园。每一个学生,都可以在这里进行尝试、探索,直到发现自己,唤醒潜能,为未来生活创造出适合自己的成长道路。让孩子们沐浴艺术的阳光,拥有一份特长,这是我们的美好愿望,也是学校的发展愿景,我们真切希望和等待着这一天的到来。

就像管弦乐队的指挥所说的,协和实验小学的孩子是幸福的,他们赶上了一个好的时代。在这个多元发展的年代,怎样为孩子们提供丰富的课程,搭建成长的舞台,张扬孩子们的个性,是办学要思考的,这也是我们为孩子、家长、老师们举办这场音乐会的初衷。我想有一天站在舞台上表演的是我们学校的孩子们,就像我曾无数次幻想过那个优雅地拉着小提琴的女孩是我自己一样,我不想让他们长大了跟我一样只是羡慕,只有遗憾。我想做,也愿做,愿做好。2020年,我们一起加油!

(胡涛 撰文)

第21天　2019年12月31日　星期二

办"怡心"教育，从新年开始

一周前，我与科学教研组组长王亚辉老师相约，今天的第二节课听科学课，并且邀请了研培中心教研员周玉老师参与指导，这也是我在元旦新年之前完成听完所有学科课程的计划。

虽然学科之间存在相通的地方，在评课时抓住要达到的目标，看老师的教和学生的学是否是围绕目标在完成、在突破，那就抓住了评课的关键。但毕竟各个学科有自身的特点，为了给听课找到标准，在听课前，我认真看了《小学科学课程标准》。《小学科学课程标准》（2017版）明确指出，"科学课程要面向全体学生，在教学过程中，学生是学习的主体，要明确学生的主体地位"。因此，教师要对自身的教学理念、教学模式和教学内容进行创新改进，突出学生的主体性地位，努力克服教师的"一言堂"现象，做到心中有学生，眼里不缺学生，在科学学科教学中，以问题探究为核心，抓住时机，适时发问，调动学生的积极性，提高学生的课堂参与度。

我带着这样的思想走进了亚辉老师的课堂。这堂课的主题是"用显微镜观察身边的生命世界"。亚辉的课有两个优点：（1）有浓浓的科学气息。从课前的实验准备到开课前3分钟的学生实验规范的叮嘱，到课中实验步骤的讲解，到分组实验的科学安排，再到孩子们做实验时的叮嘱与巡视，亚辉老师总是积极调动孩子观察、动手、操作、交流、发现、汇报。（2）有现代课堂的手段。亚辉老师的导学单，体现了先学后教的理念；亚辉老师的微课用在课堂，突破了教学的难点和重点。

在评课环节，学生是学习的主体，他们最有发言权。我向学生问道，你认为王老师的课上得好不好，好在哪里；你对老师的课有建议吗？有就说，没有就不说。孩子们确实大胆，一个个争先恐后地发言，还真说到了点子上。孩子们的评价让老师们心服口服，不禁感叹当下的学生太有辨别力和思辨力了。

当然，今天的主要点评还是周玉老师。因为科学与技术课程处第一次跨科联合教研，周老师肯定了科学与信息技术融合的做法，她说未来的科学主要是以Steam形式教学，学校建立科学与技术课程处的做法，符合时代发展的要求。最后，我们就科学教学环境、课程建设、课堂变革、名优科学教师的培养、对科学学科资源的挖掘以及科学课程发展的规划等问题进行了交流。为了做好以上工作，探索以课题科研的形式带动像亚辉老师一样的年轻科学教师们行走，做出科学课程的特色。

评完亚辉老师的课，已是第四节课。因为，元旦过后我要给一年级全体家长开家长会，我邀请一年级所有班主任参与一年级学生家长情况交流会。一年级14个班，太庞大了，我想借此机会认识每一位老师，14位老师有13个是新手，我突然感觉到我这个校长肩上的责任，我不仅要关心学生，还要关心这一群还是孩子的老师。本打算20分钟就结束的会，不知不觉开了50分钟。

吃过午饭，因为明天是元旦节，教师发展中心给老师和员工们准备了新年的礼物：一袋糖和专业书籍，有物质粮食也有精神食粮。于是，我们利用中午给老师们送上了满满的新年祝福。

期待办"怡心"教育，从新年开始。

　　我曾经读到过一篇文章——《校长若自己不发出光芒，如何让老师发出光芒》，有幸在我十年的教学生涯中迎来了这样一位眼中有光、心中有爱的女校长。在夏雪梅校长来协和实验小学的短短十几天里，她已经完完全全融入了协和实小这个大家庭，能熟练地介绍学校的历史和现状；通过课堂了解老师和学科情况；与孩子亲切交流，探寻课堂教学新的方向；带着自己的思考同行政班子、学科老师一道追根溯源，寻找学校文化发展之魂……

　　今天下午，夏校长和教务处黄军主任、高华群副主任、教师发展室樊小娟主任分析了本月六年级月测成绩，并对本学期课程建设进行了深入交流。

　　夏校长带着几位同志从年级整体情况入手，再到个别班级，认真分析数据，探讨存在的问题。通过对本次六年级月测情况的诊断，夏校长基本了解了本届六年级学生的现状和学习态度，家长对孩子的关注度，老师对学生的期望，以及教学策略。夏校长说，做足了这些功课，她就知道了毕业班分析会怎么给老师讲，知道了毕业班家长会她要讲什么，以及考前动员会她跟孩子们如何谈心。我最感兴趣的是夏校长用写推荐信的方式，帮助毕业班孩子择校，享有此幸运的孩子们，该是一种什么样的心境手捧这份沉甸甸的荣誉进入他们梦想的中学。我想，我遇到的这样心中有爱的校长，就像她自己所说的"把教育办到离孩子最近的地方"，校长需要用自己对教育的热忱，去涵养一个个鲜活的生命个体，用自己的教育理念让孩子受益。

能当校长，一定懂教育，但不是所有的校长都懂课程，能亲力亲为去做课程的校长，就更难能可贵。关于学校的课程建设，从目标到措施，再到具体的课程设置，夏校长都手把手地教我们，我们在思想碰撞的过程中又有了拓展和延伸。以前我们也做课程，但是在讨论过程中，我们发现缺少了一脉相承的课程体系，没有与之相依托的课程名称，也因为没有将课程实实在在落地，导致课程建设始终效果平平。这是迫切需要改进的方面。

（高华群　撰文）

第22天 2020年01月01日 元旦节 星期三

以工作的方式迎接新年

早上起床,在协和实验小学微信生活群里,我向新共事的小伙伴们发了个红包,祝大家新年快乐、工作顺利、阖家欢乐。同事之间相互问候,相互祝福,给新年带来了暖意,也增进了我和新同事们之间的感情。

下午,整理完履新日记后,就开始用心地为周四召开的一年级家长会做准备。

一年级家长和六年级家长需求完全不同,所讲的重点也不一样。六年级家长重视的是升学,一年级家长重视的是孩子能全面发展、快乐生活。因为周二与一年级班主任进行了沟通,所以我把我的30分钟讲话内容确定为以下五点。

(1)自我介绍,让家长了解我这个新校长。

(2)向家长提出两个问题。一是您对学校有什么期待,二是您想向校长提什么问题。

(3)在互动中表达我的办学愿景,找到与家长共同努力的方向。新的一年,协和实验小学教育的成就要体现在全心全意解决每一件小事、完成每一项任务、履行每一项职责中。我理想的学校是有书香、有奔跑、有笑声,有静有动、有刚有柔。努力把学校办成"有人性、有温度、有故事、有美感"的新样态学校。

(4)介绍当下期末复习工作安排和学习要求。向家长介绍学校开设特色课程的意义,为放假前学生特色课程选课工作做准备。

（5）向年轻的家长们提出了建议。一是转变角色。切勿像幼儿园一样对待学校、老师、孩子，提醒孩子每天上课带齐东西。二是与老师建立良好的朋友关系。亲其师而信其道，与孩子一起执行老师的合理要求。与老师沟通，多体谅老师，适当的惩戒是允许的。三是建立家委会，用好班级微信群。在家长群中传递正能量，该单独交流的不在群里聊，这是智慧，也是素养。四是注意 $5+2=0$ 的现象，不要让孩子的周末虚度。五是营造良好的家庭氛围。关注孩子学习和心理，注意与孩子沟通说话的方式。时间在无意识中流逝，2020年第一天就过去了。以工作的方式迎接新年，蛮好的。

第23天　2020年01月02日　星期四

孩子进校，家长入学

教育，只有在学校、家长、学生同心同德的情景中，才会不断生长。带着对新年新希望的憧憬，我期待着新学校的家长朋友们能全情投入孩子的教育，全程参与学校的变革，全心关注学校的发展。怎样才能实现这样怡心的梦想，我想为每个学段的家长构建不同的家长课程。孩子进校，家长入学，六年不间断，规范有序地去实施。家长课程的第一课，是新校长见面沟通会。我决定在本学期放假前完成六场家长会，与2417个孩子的家长见面，把办学愿景传递给每位家长，明其责任，协同教育。

学校办学愿景的起点在哪儿？又将走向何方？所以每开一个年级的家长会，我都会提前召开这个年级的班主任沟通会。今天的10点，我和二三年级班主任利用大课间的时间，在三楼会议室开始了班级家长、学生情况的交流会。三年级8个班，老师们依次报姓名、所教班级以及自己的治班情况，在汇报的过程中，年级组长李云梅介绍了课后服务后，孩子回家阅读的问题；黄家琼老师介绍了学生放学如何做到安全有序的策略，给我留下深刻的印象；贾小兰老师提出，班上个别学生因父母离异而出现行为偏差的问题；韩梅老师对"80后"家长关于教育的个性表现分析得淋漓尽致；黄萍老师就班上一个孩子因甲流离世的意外情况，反映了孩子和家长都需要心理疏导的需求；章老师介绍了课后服务学校管理工作缺位的情况……

听了各位老师的情况介绍，我的内心有了一点沉重，每个老师都有着自己的困惑和烦恼，有的有办法，有的一筹莫展，他们每个人反映的问题，哪些是个案，需要自己单独去沟通；哪些是共性，需要我在家长会上统一去讲，我一一回应，及时给予她们方法，两个年级沟通交流下来，已是中午十二点。

下午三点，一年级家长会在学术厅如期举行。因为是第一场，我要求年级组长必须当主持，蹲点行政人员做PPT，全程监管调控，没课的年级老师作为一次"怎样开家长会"的培训参加，校外引进的培训老师做5分钟课程分享，让家长了解学校的特色课程……

家长们来得很整齐，听得也非常认真，在新年后的第一天，我看到了家长们眼中的期待，我也感受到了新的一年的责任与担当……

家长日记

2019年9月，孩子带着对小学生活的向往和憧憬，加入了协和实小这个大家庭。孩子满怀期待，漂亮的校园、宽阔的操场、温馨的图书室，以及教室外面的花园、小河里的金鱼、丰富的校园活动等，都是他回家和我们分享谈起的事情。作为家长，我和大多数妈妈一样，我也有过担心，担心孩子从幼儿园过渡到小学生活，能独立完成生活和学习吗？在新环境中，他能很快结交朋友吗？等等。经过两个多月的小学生活，我对孩子有了更多的认识，他们无论是早起，还是作业、阅读、生活习惯等，都在进步，有些小事能在家人期待之上完成，也结交到新朋友，作为家长，有少许欣慰，也有一点小开心，感觉孩子是快乐的，喜欢去上学，喜欢学校，喜欢老师，喜欢同学。

在昨天的班级家长会上，我也和班级家长们一起了解了孩子的成长变化，这次的家长会，和刚开学时的家长会相比，家长们都淡定了许多，孩子们也更活泼开朗，觉得家长和孩子们整体适应性不错。感谢我们一四班的老师们，尤其三位带班老师——颜菡老师、冯杰老师、杨蕾老师的用心教育和对孩子们的关爱。

会上，夏校长问道，作为家长，希望孩子能成为什么样的人，作为母亲，我希望孩子德智体美劳全面发展，但也更希望他身心健康、自信阳光。童年，对于每个人的一生起着基础性作用。因此，小学教育在整个国民教育阶段的重要性不言而喻，希望孩子的童年和小学生活都是难忘的，以后一生回忆起来都幸福满满。同时，学校教育绝对不仅仅是学校的责任，家长不能缺位，应该以身作则，家校联合，一起做好孩子的引路人。

关于对学校的建议有三点。一是做好家校沟通工作，保障家长的知情权、参与权。二是希望学校开设生命教育、安全教育、习惯教育等课程。三是对学生严格要求，允许学校的合理惩戒。

孩子是家庭的希望，也是社会的未来，是民族的希望，关心下一代，是我们共同的目标。

新年、新希望，让我们一起期待！

（陈梓锐妈妈曾丽　撰文）

第24天　2020年01月03日　星期五

让家长看到希望

在我的心目中,每个孩子都一样重要。怎样才能关注到每个孩子的成长?只有培养出一个个有科学育儿经验的家长,才能通过每一个家庭关心关注每一个孩子。

今天,是三年级的家长会。8点20分,走进能容纳600人的学术厅,家长们已坐得满满当当。会前,根据与老师们的交流,以及结合三年级孩子的年龄特点,我发现三年级孩子开始有了"逆反",有了自己的"小反抗",而家长群体明显有了"惰性",认为孩子处在中段,已经可以完全放手任其发展。再加之开学的"流感"事件,就是三年级一班一个小女孩的离世,让整个三年级家长弥漫着一种思想:孩子成绩已不重要,只要身体好。我想偶发事件发生后,家长存在情绪波动是正常的,但一定要有心理干预,帮助他们渡过心理的阴霾期,家长心理阳光了,孩子们自然才有生命的活力。

我想,校长此刻的演讲基调是温暖的、共情的、观点鲜明的,有向上的力量。

首先,从贴心的问候开始。因为8点30分前家长就已经到了会场,我要代表学校向他们道一声辛苦了。

其次,基于一个母亲的角度,引发共情。我引用台湾作家龙应台《目送》当中的一段话,与家长们分享。龙应台说,"所谓父女母子一场,只不过意味着,今生今世不断地目送他的背影渐行渐远"。其实每个父母也都知道,孩子总归要离开我们,走上社会,用自己的头脑和双手创造自己的人生。我们可以在他年幼时提供舒适的生活、极致的呵护,但不可能陪他一辈子。总有一天,他要独自面对这世界,自己解难题,自己担风雨,自己去拼搏。所以,如果你真的爱他,就该在他离开你之前,教会他和世界相处的能力,这是你对他的最大帮助和保护。为人父母的终极使命,其实是培养出适应社会的孩子。孩子能在社会上活得开心、顺畅、如鱼得水、游刃有余,才是作为父母的最大成功和最高荣誉。同时,结合自己培养孩子的经历,向家长们渗透了一个观点:我们一定要关注孩子的健康成长,着眼于未来培养孩子。

最后,分享学校的办学愿景。成就要体现在全心全意解决每一件小事、完成每一项任务、履行每一项职责中。学校期待培养的孩子样态是"四好"。一是身体好,上好体育课,主动锻炼,培养一项体育爱好。二是习惯好,包括家里的习惯、学校里的习惯、社会上的习惯。三是学习好,有学习的兴趣,专注地听讲,做好作业,坚持阅读。四是品性好,具备善良、合作、谦让、抗挫的品格。

有了清晰的思路,我在演讲过程中,结合自己的经历和故事,掌握好讲话的强弱节奏,努力使家长们听得投入。

今天下午二年级的家长会召开,坐在学术厅里的我,身份不仅仅是二年级1班和2班的数学老师兼辅导员,也不仅仅是学校党政办主任、二年级的蹲点行政人员,最主要的身份是一名二年级孩子的家

长，从家长的角度，来审视学校的办学思想、家校共育理念，有与以往不同的感触。

当校长请在场的家长向她提问题时，有家长问道，接下来我们的孩子会受到什么样的教育，孩子们除了书本上的学习之外，还会有哪些课程给孩子们学习，学校有什么样的发展规划等问题，夏校长一一作答，特别是关于课程，学校自主开设了很多的社团，还引进小主持人、民族乐器、3D打印、书法等十几项社团活动，这就是为了让孩子们学到书本以外的本事，提高孩子们的各项能力。

其间，说实话，我很想举手，但又犹豫了一下，毕竟是学校老师，有点当"托"的感觉，家长会快结束的时候，我还是忍不住问了校长一个问题。我想说的是，自己虽然是学校的一名老师，但同样是一名二年级学生的家长，我作为一位妈妈，也想代表很多家长问学校，学校期待将我们的孩子培养成什么样的人。夏校长正好说到，学校办学是为了培养"四好一有"的现代公民。"四好"指的是身体好、习惯好、学习好、品性好；"一有"是指有特长。在学校看来，身体放在首位，这与很多家长都不谋而合。学校是育人的场所，尽管教育教学质量是学校考核的核心指标，但是，作为家长，最希望的是，孩子能够健康、平安、快乐地长大成人，学校所给予孩子的，首先应该是健康的体魄。是的，我也是这样认为的，有了好身体才能去谈其他的好。不过，让我排序的话，我会把品行好排在学习好的前面，因为我觉得品行更重要，有了好的品行，学习自然不会差到哪儿去，并且品行好肯定是对社会有用的人。而如果学习好了，品行不好，则不能给社会做贡献，当然，全部都好肯定是最佳的。因为，体格、人格、品格，是学生成长的全部。

> 作为老师的我,心中说不出的高兴,感觉我们老师在为协和实验小学的教育事业发展开始书写新的篇章;作为家长的我,心中说不出的兴奋,感觉我们的孩子即将开始自己的新征程,去寻找不一样的美丽天空。
>
> (叶丽娟 撰文)

走进会议室,年级的老师们热火朝天地在里面聊着,没看见雪梅校长。一会儿,门被轻轻一推,大家不约而同地朝门口看,雪梅校长进来了,她满面笑容,热情地和大家打招呼,还招呼大家倒水、泡茶,我们紧张的心情顿时放松了不少。会议开始了,原以为雪梅校长会要求我们在家长会上讲些什么,没想到雪梅校长说她刚来这所学校,不太了解这里的家长和孩子,问我们需要她在家长会上说些什么。这让我们大家感到十分诧异,在我们的意识里,应该是校长要求老师怎么做,怎么一下子变成老师要求校长怎么做了呢。雪梅校长看见我们一下懵了,她又另辟蹊径,开始一个一个地询问我们,目前班上存在哪些问题。第一个要回答问题的就是我,在没有任何准备的情况下,我的大脑停顿了两秒,然后向雪梅校长陈述目前班上存在的问题,雪梅校长全程专注地听着,时而在本子上写着什么,时而和我再确认一下问题,时而建议我遇到这类问题应该怎样做。就这样,雪梅校长花了一个多小时分别和7位班主任都进行了细致的交流，其实更多时候是校长在听老师们"诉苦"。这段"诉苦"结束后，雪梅校长帮助老师迅速、精准地提炼出整个年级各个班级存在的问题，并让大家放心，在即将召开的家长会上，她会从校长的角度把这些问题提出来，积极争取家长配合老师的工作。会议结束，老师们离开时，雪梅校长给每位老师都塞上几颗糖，让大家以后遇到难题都可以找她，祝大家的工作和生活如糖一样甜蜜。此时，我觉得我们的雪梅校长又多了一个特点——甜蜜，自己甜蜜，也让她的老师们感到甜蜜。

  作为一名老师，能在工作中遇到这样一位站在离老师最近的地方，愿意听老师"诉苦"的女校长，让我感觉在这里工作是幸运的。

（王雯　撰文）

第25天　2020年01月04日　星期六

休息

今天，我终于有时间去看望患有重度阿尔茨海默病的母亲。

第26天　2020年01月05日　星期日

回归家庭

上午，在家打扫卫生，整理一周日记，梳理下周工作日历。下午，与爱人一起徒步郊游。

学会做一份科学的期末行事历

每学期临近期末,工作非常繁忙。

学生一条线的工作有:组织学生复习、组织学生考试、社团活动汇报演出、学生综合素质测评报告单的制作、学生评语的填写、学生假期综合实践活动的安排、学生假期阅读工作的安排、散学典礼、期末家长会……

教师一条线的工作有:期末部门总结会、课程处总结会、项目组总结会、总务处财产清理、寒假维修计划、教师寒假学习安排、教师绩效考核、教师优质特色考核、教育教学工作总结会、工会迎新年"送温暖"活动、临聘教师工作会、保安保洁食堂工作人员总结表彰会、全体教职员工团年活动、行政工作考核测评反馈会、下学期规划会……

怎样让这千头万绪的工作扎实有效地推进,需要做到"三个落实",分别是落实时间,落实地点,落实牵头负责人;既有这学期的总结,又有下学期工作的思考;既在反思中找出工作的不足,又能在行进中进行微创新。做一份规范的、有思想和创新的期末行事历(离放假前最后一个月)是落实学校规划必经之路,所以就显得尤为重要。

前两周,通过与党政办叶丽娟主任交流,表明了我的想法。叶主任是一个严谨并雷厉风行的人,她反复与刘勇副校长商议,并不断地与我探讨,很快,一份较科学的期末行事历就"新鲜出炉"了。

然而,为什么要做这件事,蕴含的学校管理思想是什么,怎样去做这些事,行政人员有点担忧,存在困惑。所以,我决定利用今天的行政例会给行政人员开设一门管理课程：怎样做一份实在的期末行事历，我介绍了具体的方法。

首先，解读。让行政人员认清自己的期末职责和责任，明白自己有哪些事需要做，这些事又怎样去做。

其次，反馈。让每个行政人员谈感想，确定自己的期末工作有哪几条、哪几款，哪些做了，哪些还没做，哪些需要调整，进而，修改行事历。

最后，落实。制定出落实纪律，全部形成成果集，为明年目标考核和课程考核做准备。

其中，我邀请了年级组长和学科组长参与，他们上传下达，是这个行事历最终的落实者。到校的第二周，年级组长也开始执行周行事历。带动一线的每位老师明白学校变革的走向，参与到学校的治理工作中来，找到自己的位置，明白自己的努力方向。

沟通完期末行事历，我们又拿出周行事历探讨。目前，周行事历还存在个别行政人员无事可写的情况。通过这些过程，未来的行政班子就会有期计划、月计划、周计划，以及每日计划，规划之间无缝对接的思想，从而为即将要做的三年学校规划做好能力准备。

本周是第十九周，学生复习的最后一周，可能因为处于教育第一线的缘故，每当这时候都是在给孩子们抓紧时间复习，于是行政方面的事务都准备放一放。今天是本学期的最后一次教师大会，关于老

师们后期要做些什么，交些什么，通通没考虑过，总觉得把期末行事历放在群里面就已经好了，完全没想到应该给老师们解读一下。一大早，夏校就叫我到办公室，告诉我行政会仍然由她来给大家讲，展示如何学会做一份科学的期末行事历，我才知道行政人员们在期末应该是繁忙的。

今天的行政会仍然是扩大会，因为年级组长以及除语数以外的学科组长也参加了，在会上，夏校针对我们行政部门的期末行事历，给我们讲解了做一份科学的行事历的必要性。每学期临近期末，工作非常繁忙，主要有两条线：学生和老师。只有梳理好了学校工作的线索，做事才可能是高效的。

一番交流下来，我真真切切地感受到期末事情真的很多。对于老师而言，必须要提前知道后期的安排，否则事情的达标完成情况肯定是低效的。因此，党政办组织的教师大会就很重要，而在此之前的行政会更重要。对此，我们需要有合理的规划安排意识。会上，夏校长对我整理的行政部门的周行事历以及期末的行事历提出了表扬，也对年级组长制定的周行事历提出了表扬，说话的艺术就这样体现出来了。随后，她给大家展示了双华小学的年度大片以及年度大事记，我们才明白到底应该怎么做。比如说年度大片是指送上新春祝福，所以徐蒉心里有了谱，感觉找准了方向。于是我再一次感叹：之前不是不想做，而是不知道怎么做。因为我们没有去规划，去思考，当然对于这些就是一无所知的，科学规划和引领会让事情做得更高效。

（叶丽娟　撰文）

第28天　2020年01月07日　星期二

"个性定制"家长会

家长会应该"个性定制",从不同学龄阶段学生的身心发展特点出发,分阶段设置具体的报告内容。为了把四年级家长会开出成效,我专门对有关小学四年级孩子的心理特点的知识进行了学习。

小学四年级的孩子,正处于小学中段,学生年龄一般是9～10岁,学生的生理和心理特点变化明显,是培养学习能力、坚强意志力、情绪调控能力和良好行为习惯的发展关键期。发展关键期是指儿童在心理发展的某个时期对某些刺激最敏感因而也是发展某些机能、能力的最佳时期。在此时期内给以适当的良性刺激,会促使其行为与能力得到更好的发展。反之,则会阻碍其发展甚至导致行为和能力的缺失。

例如,小学四年级是孩子大脑发育的关键期。研究表明,人脑在10岁之前发育速度最快,12岁左右脑重已经与成人相当,尽管9岁后儿童的脑重增加很少,但是脑细胞内部的结构进一步复杂化,大脑的各项功能逐渐趋于成熟。由于大脑结构的复杂化和功能的成熟,三四年级学生的心理特点将会发生明显的变化。小时候看不懂、听不明白的一些事情,现在很快就可以搞明白,见识多的孩子甚至表现出老成的样子,精力充沛的孩子已经开始阅读成人书籍,以至于有的老师感叹:这些孩子根本管不了,知道的事比我还多呢!

小学四年级的孩子处于具体运算阶段中期,此时儿童从表象性思维中解脱出来,认知结构中已经具有了抽象概念,因而能够进行逻辑推理,但运算仍离不开具体事物的支持。其认知活动具有了守恒性和可逆性，也逐渐学会从他人角度去看问题，即去自我中心主义。分析问题时开始确立"自己"的位置，如这样不合适，那样又有妨碍，在反复比较、衡量的过程中开始认识自己的行为与他人行为的关系，并把"自己"作为一个独立的人，等同于他人。三年级以前，在外面见到什么事或者自己做了什么事回家都要和大人讲，大人不听还不高兴，但是四年级学生发生了变化，一部分学生不愿意把在外面发生的事讲述给家长，有时自己经历的事也不告诉家长，开始显示出独立的个性。

四年级的孩子开始进入道德自律阶段，道德判断是受他自己主观的价值标准所支配的，能认识到人们对于道德规则有自己不同的看法，规则是社会上大家同意而制定的，是可以改变的。例如，四年级的孩子有些还会作假——学会欺骗。让孩子在家看门，他表面答应很好，等大人走了，他可能把门锁上，去商店买吃的；家长让他去买洗衣粉，他可能买比较便宜的一种，而把剩下的钱买一点自己喜欢的东西，回来后隐瞒实情。因此，这个时期品德教育的关键是道德认知教育和行为教育的结合，尤其要注重孩子道德行为的教育，让孩子自觉地控制和改变一些不良习惯，努力做到言行一致。

在四年级家长会前，我把班主任老师集中在一起的调研，发现了诸多问题都应证了上面的分析。基于此，我想这次的家长会来一个小变革：把单纯的家长会开成家长、学生、教师联合会。让学生了解自己，也帮助家长老师了解小学四年级学生的心理特点、学习心理，帮助四年级孩子快乐健康成长。正如法国教育家卢梭所说："大自然希望儿童在成人以前就要像儿童的样子。如果我们打乱这个次序，就会造成一些果实早熟，他们既不丰满，又不甜美，而且很快会腐烂。"所以，学校和家庭要努力提供和孩子心理和生理发育水平相适合的教育。

家长会组织得非常好，从学生签到和学生家长的座位安排，主持人余莉老师落落大方的介绍，蹲点四年级的华群主任讲语文教学，数学教研组组长讲数学教学。从这次家长会，我看到了四年级老师团队的能力和管理的潜能，也期待这次家长会能带给孩子和家长更多的思考和点点滴滴的变化。

家长日记

孩子，是我们一生的挚爱，当今社会仅给予孩子物质的关怀已远远不够，更多的是要在精神文明方面多多努力，如何正确培养孩子成了家长们的难题。

家长会是联系的纽带，在这里能让我们了解孩子学到了什么，需要什么。同时，家长会也是对家长很好的一次精神洗礼。有效的家长会，不仅是常规事项的通知，家校之间的沟通交流，更重要的是，能在家庭教育方面，发挥学校优势，给予家长以专业指导，提升家长的家庭教育水平。

在会上，夏校长提出了"四好一有"的培养目标，身体好、习惯好、学习好、品性好，有特长。这一点我是认可的，把身体健康放在首位，而不是学生的学习成绩，这是对教育本真的回归。人生是一场马拉松，尽管不同类型的学校，孩子处于不同的成长阶段，承担着不同的教学任务，但是十年树木，百年树人，学校一定要秉承为孩子一生奠基的理想办教育，少一点浮躁，少一点短期评价，多一点长远考量。作为家长的我们，都希望自己孩子的一生平安快乐幸福，在学校能有全方位的发展。但是，前提是要有强健的体魄，身体是学习的本钱，没有好身体何来好成绩？漫长的学习生涯又怎能走得长远？这也更加坚定了自己每天让孩子坚持锻炼的做法。俗话说："习惯成自然"，一个好的习惯会让孩子在学习和生活中受益终身，一个坏的习惯会徒增许多弯路和挫折。

另外，学校作为育人的场所，应该是处处洋溢着知识的氛围，学校提出的"有书香，有奔跑，有笑声"的办学愿景，希望能真正得以落实。那么，孩子在这样一个充满快乐的、萦绕书香的学校里尽情地摸爬滚打，哪怕是碰碰撞撞，都会照亮人生前进的灯塔。

支持学校，理解老师工作，加强彼此之间的理性沟通，是我们每一个家长都应该做到的，因为，我们都怀着共同的目的，希望孩子更好地成长。更重要的是，家长是孩子的第一表率，如果家长都对老师、学校持怀疑、质疑、否定的态度，那么，孩子会怎么想？会怎么做？古语有说，亲其师而信其道，如此，孩子肯定会背离正确的教育方向。

（牛佳妮家长马钰　撰文）

第29天 2020年01月08日 星期三

好学校一定会做融合教育

融合教育,是目前国内外特殊教育的重要发展趋势之一,也是文明社会自由、平等、互助理念的重要表现。车文博主编的《心理咨询大百科全书》认为,"融合教育是教学的一种方式,即在同一堂课内把教育目标中的认知成分和情感成分结合起来的教学方式。其核心思想是想把认知教育与学生自己的生活联系起来。如在文学课上,可让学生扮演作品中的人物,体验其情感,将其生活、理想、价值标准与自身做比较,把认知教育与情感教育结合起来,并联系学生的实际生活,使之转化为自我教育"。融合教育在残疾人教育的保障和支持方面具有关键意义,是他们能够共享教育资源的重要途径。

双流区教育局有着"全纳"的思想,非常重视融合教育。今天,又是成都市双流区2019年度融合教育年会,主题是:提升校长课程领导力,助推区域融合教育高质量发展。协和实验小学有幸被评为2019年度"融合教育先进学校",这是挺值得高兴的一件事,这也是我履新后第一次代表新学校领奖。

这次学术年会,原本一个学校只限一个校长和一个老师参加,但我却邀请了学校德育安全处主任胡涛、翁源、蒲华容3位老师参与。目的是什么?我想学校的融合教育需要更多的人参与,在来年自成体系,做出协和实验小学融合教育的特色,建立完整的学校融合教育体系,培养出更多懂融合教育的老师,让随班就读的孩子在学校生活得更幸福、更快乐。

会议最精彩的是北京师范大学特殊教育研究所邓猛教授的讲座"融合教育实践之ABC"。邓猛教授对融合教育的解读妙语连珠：没有合作和协同，差异化做不到，个性化教育就难以实现。融合教育就是合作和协同，差异教育一定是分组的。在西方国家每一个学校都是融合教育，人皆有潜能，人皆有困难。营养与贫穷，家庭教育和学校教育的缺乏，都会在经意和不经意之间让孩子成为残疾。融合的课程首先是国家共同的课程，是涵盖生命全域的课程，是知情意行课程，是听说读写算课程。全纳课程是弹性的，课程的关键词就是"调整"，最小调整，实现最大的融合，这是融合课程的关键。替代性课程、交叉性课程、多重性课程、扩展性课程、功能性课程、康复治疗性课程、职业教育课程，不同的学生需要不同的课程模块。融合教育是先从整体出发，对整个班级进行行为变革，然后才是个体化调整和关注……

邓猛教授的讲座结束后，学前、小学、初中学校代表做了融合教育的经验分享。我告诉随行的翁源、华容一定要认真听，会后一定要有收获和感悟。

对于学校，我想协和实验小学的融合教育一定要以课题的方式进行。组建融合团队，寻求资源中心的帮助和家长的配合，开展个案服务，构建科学的融合三级课程，改变学校融合教育的环境，邀请专家到校评估，期计划，月记录，成事成人。期待我们能一道在融合教育的路上做出一定的贡献。

下午回到学校，我们给五年级家长和学生召开了联合会议，这是我到协和实验小学召开的第六场家长会，也是最有挑战的家长会。因为在与老师沟通的时候，我感受到了孩子的问题来自这个年级部分家长的"偏执"和对学校老师的不信任。因为我们前期做了调研，所以针对孩子玩游戏、成绩两极分化严重、家长认为课后服务后就万事不管的"心态"，以及个别家长们给孩子灌输别人家里有几套房子就是很富裕的思想,进行了因势利导的引导。我告诉家长什么才叫富有:那就是有一个"身体好、习惯好、学习好、品性好、有特长"的孩子才是最大的财富。我讲完,五年级的英语老师任杰、科学组长王亚辉、语文组长蒲华容、数学组长代表各学科讲了学科要求。这个环节是家长会的必要环节,我每次都叮嘱家长配合支持学生学习。怎么配合,是需要从倡导到指导,要给家长开设课程。

明天,我校德育安全处袁乙洁主任要代表学校在"2020年成都市双流区德育、体育、美育"工作会上做"校园足球工作的汇报",为此,放学后我和胡涛主任陪同她,一起确定了"宝剑锋从磨砺出,梅花香自苦寒来"——校园足球从"三无"到"三有"课程建设之路。从文稿—PPT—怎样去表达——指导。最后看到乙洁有了自信,我和胡姐8点才离开学校。

女儿很乖巧,从北京打电话得知我还没吃晚饭,给我点了两杯奶茶让外卖小哥给我送过来,我满满的感动和幸福。有工作中的赠人玫瑰,又有孩子的体贴和孝顺,一切安好。

昨天,我参加了2019年双流区融合教育年会,初次接触了"融合教育"的理念,可谓感受颇深。

融合教育是以经过特别设计的环境和教学方法来适应不同特质小孩的学习,让大多数残障儿童进入普通班,并增进在普通班学习的一种教育方式,目的是将特殊孩子包含在教育、物理环境及社会生活的主流内。会上,北京师范大学邓猛教授指出,中国式融合教育始终是以残疾为基础。针对孩子不同的特质设定每个孩子不同的学习目标，以合作学习、合作小组及同辈间的学习、合作达到完全包含的策略和目的。不管普通孩子，还是特殊孩子都因其不同特质有不同的学习目标，分数不是唯一的标准，而是适才适能的快乐学习。

会前，我对"融合教育"知之甚少，通过仔细聆听邓猛教授的讲座，现在，我对它的内涵和价值有了基本的了解。其实，融合教育不仅可以用于特殊需求的学生，同样也适用于普通学生。融合教育的灵魂就是要给每个孩子机会，不歧视、不孤立每一个孩子，不单只是让孩子适应社会，同时也要让社会接纳、包容这一群孩子。我们的任务就是要付诸行动，把理论化为实践，在实践中找到真理，要让所有的孩子享受到"融合教育"带来的温暖。教育，是一份爱的事业。不管什么样的学生，我们都应该用爱去对待他们，尤其是有特殊需求的孩子，我们所做的某个暖心瞬间，可能会改变孩子的一生。

（翁源 撰文）

1月8日下午两点半是五年级家长会。家长会一开始，夏校长就抛出两个问题：您对学校有什么期待？您想向校长提什么样的问题？听到这两个问题，我不由得替校长紧张起来，不怕家长刁钻发问吗？家长如果故意为难怎么办？有具体的方法施行吗……太多的问题扑面而来，夏校长也不着急，而是一个一个地耐心解释。

夏校长提出，学校教育需要美感。对于这个理念，我是很赞同的，学生原本就是最有活力、最富生机、最有希望的一群人，如果在长达十几年的学校教育中，无法获得快乐、体验温暖，那我们教育出来的将是一批缺乏创造力、冷漠的"社会人"，至少在6年小学生活中，我希望孩子们能快乐地学习。

作为一名老师，最让我高兴的是，校长能够帮老师说出很想说却没能说的一些问题，而且说得掷地有声，例如转校生问题、家长懈怠问题、学生沉迷手机的问题……并指出这些长久以来为家长所诟病，又让家长直面所有的问题，不由得让我内心松了一口气，是啊，及早面对残酷的现实，才能及时地改正。

最让我欣喜的是即将到来的一些改变——评价能量超市。正面的评价、积极的鼓励在教学中必不可少。学生获得重视，收获表扬、鼓励的次数越多，其行为活动的再发性就越高，越会朝着老师期待的方向改变，也更能引起师生情感共鸣。虽然明白正面评价的好处，但是具体的施行过程中总是遇到障碍：现在的孩子不缺物质方面的鼓励，评价激励缺乏新意，成绩薄弱的孩子难以得到奖励，从而失去争取奖励的动力。而以后学校会根据操行评定，让学生和家长及时了解孩子各方面表现，而不只是学习的表现，再根据表现获得有吸引力的奖励。

一直以来，班上的后进生都让我和各科老师极为忧心，不只是学习上的落后，更让人担心的是他们对学习无所谓，没有学习动力、没有积极性的学习状态。要改变这些孩子，不仅需要家长的配合，还需要我们的改变。除了物质上的激励，这些孩子更需要的是精神上的鼓励。下学期我会准备一些表扬信,这些孩子只要有一点点的进步,就要抓住机会及时表扬。班级的评价机制除了针对整个班级的评价,还应该针对后进生做一些改变,让他们努力地"蹦一蹦"就能体验成功。

从这次家长会,我更加明白教育从来不是一件简单的事,需要爱心、细心、耐心、责任心。但未来可期,先从一点点的改变开始。

(蒋维维 撰文)

第30天 2020年01月09日 星期四

百日阅读的思考

　　协和实验小学一直在坚持"百日阅读活动"。调到这个学校,一听说这事,我由衷地高兴。一个学校就是要有书香、墨香。

　　但这个活动是以怎样的方式在行进,目标、内容怎样在实施,孩子们读得怎样,喜欢吗,家长支持度怎样,我想知道。下午,我和牵头该工作的华群主任进行了交流。通过了解得知,百日阅读活动好的方面是坚持了四年,能持之以恒,不间断推进,着实不易。但是,也有的家长反应,孩子原来爱读书,可是开展了"百日阅读活动"后,因为任务太重,孩子们反而不喜欢读书了。这确实值得我们进行深刻反省。阅读的目的,是让孩子爱上读书,养成坚持阅读的良好习惯,但成效与之背道而行,显然是违背了我们的初心。原因是这个活动目标不明确,是形式太单一,是没有站在儿童的视角去选择他们喜欢的方式,是评价没跟上,还是老师在指导上出了问题……这都需要我们去诊断,有针对性地改善。

　　于是,我邀请了新阅读研究所研究员、超星阅读研究院主任、群文阅读教学指导专家谢建萍老师到校指导。

　　谢老师与我只有一面之缘,那还是在双华小学,徒弟李慧要代表学校奋战"明日之星",要上一堂全书阅读课,我不专业,学校里的老师也没有这方面的行家里手。所以,求教于超星阅读研究院,他们给我们指派了谢建萍老师。在陪同听课、评课、研课的过程中,我感到了谢老师对"阅读"这个工作领域的专业,备感欣慰。引进谢老师,在她的引领下,构建协和实验小学特有的阅读课程,把它做深做透,是老师们成长的需要,也是孩子们的福音。

  阅读,是一种人生态度,是一种生活方式,需要我们终其一生的去领悟。

  中午时分,夏校长和高华群老师、谢建萍老师、王雯老师、杜芊老师一道,共同探讨学校近期的阅读课程规划,制定孩子们在寒假期间开展阅读活动的方案计划。首先,谢建萍老师立足于我校的"百日阅读活动",带着三位老师从寒假读书方案着手,一起探讨存在的问题,共同思考切实有效的读书活动,要求做到及时有效的反馈。谢建萍老师向我们明确了两个重点:一是阅读行为一定要有效;二是反馈越及时,行为越有效。

  的确,对于我们新教师而言,对于学校某项工作的开展,需要专业人员的引领,才不会盲人摸象,谢建萍老师的指导,让我知道了,阅读工作的开展,首先需要静下心来,思考我们开展阅读活动的目的,那就是,让协和实验小学的孩子们真正地做到阅读人生,享受童年。但是,实现目标的行为是否有效,这就是关键问题。

  其中,阅读的价值与意义,不可忽视。因为,教育不仅是眼前的风景,还有诗和远方。我们要借助阅读这把金钥匙,打开孩子们的思维,让孩子们去读万卷书,去行万里路,遇见万种人,明白很多道理,发现这世界很大。那些曾读过的书,会慢慢地变成他们的一部分，变成孩子们内心的光亮，变成平淡日子里的星星，照亮他前行的路途。

我喜欢的一位作家说："读书多了，容颜自然改变，许多时候，自己可能以为许多看过的书籍都成过眼烟云，不复记忆，其实它们仍是潜在的。在气质里，在谈吐上，在胸襟的无涯。当然，也能显露在生活和文字中。"书香能致远，书籍浸润心灵，又能带我走向诗和远方。我们现在在孩子生命成长最美丽的年华里，做一件简单的事，却是一件影响他一生的事——阅读。一路播撒下阅读与表达并进的美好种子，守望岁月，静待花开。

（杜芊　撰文）

第31天　2020年01月10日　星期五

孩子们的期末考试

今天是一至三年级的学生考试。按学校的惯例，每个年级段的孩子座位都要打乱来坐，以体现考试的严格公正。想到一年级学生很小，又是第一次期末考试。对此，一定要提醒监考的老师要做到"三心"：爱心、耐心、责任心。

8点20分老师领试卷，我们提前10分钟给监考员做了考前培训：领取试卷要看清楚，监考不能玩手机，针对做得慢的孩子要提醒，尽量提醒孩子把题做完，卷面要干净……

因为低段大都是新老师，所以我把考务工作培训也当作课程来教，让大家认识到自己的责任和监考的能力。

祝孩子们都有一个好的成绩！

第32天 2020年01月11日 星期六

再读《学生第一》

《学生第二》《学生第一》，是李希贵校长写的两本书。两个看上去如此矛盾的观点，竟然出自同一位作者之手，很容易让人困惑，不过，读过便可明白。"学生第二"其实是管理学的概念，而"学生第一"则是教育学的取向。一位成熟的学校管理者，谁也不会糊涂到弄不清学生在自己工作中所占的分量，重要的是如何去实现学生为本的价值。另外，在学校管理工作中，如何将教师放在重要的位置，尊重他们，相信他们，最大限度地发挥其积极性和创造性，也应该成为校长治校的重要考量。因此，管理工作中的"学生第二"，根本上也是为了更好地实现"学生第一"。

履新的第三十二天，再读《学生第一》这本书，我有了更深的同感，恍惚中，有与李校长隔空对话的感觉，并且如此生动与强烈。

在《学生第一》所收录的文章中，李希贵校长和他的同事们努力诠释着教育的基本价值取向。这让我想到了1918年鲁迅在《狂人日记》中提出"救救孩子"的呐喊，其中，教育主体的缺失，是鲁迅对教育问题产生批评的主要原因。时间过去百年，我们不希望，也不能够再发出先师鲁迅般的疾呼。李希贵校长的改革，正是聚焦学生主体，回归教育的真实情景，试图创造一个真正属于孩子们的学校，给予孩子以足够的成长支持，提供空间、创造条件，让他们能够不断发现自己的无限可能。所以，他们希望在所有的教学活动以及管理活动中，都能看到学生活跃的身影；他们推动着孩子们能够慢慢地脱离家长和老师的庇护，独当一面；他们甚至十分情愿地让自己的虚荣心"丧失殆尽",看着孩子们的作为不断地超越自己。

　　履新到协和实验小学,我提出了管理理念:把教育做到离孩子最近的地方,把管理做到离老师最近的地方。说法不同,但我的理想和李希贵校长的情怀是多么的一致。方向对了,相信通过大家的努力,心中的那个教育梦一定会实现。

第33天 2020年01月12日 星期日

"怡心"文化的萌芽

来协和实验小学之前，领导与我交流，政府要把原来的协和街道和公兴街道拆掉，合并为一个新的怡心街道，希望我能抓住创设怡心湖经济商圈以及新政策优势，把离天府新区最近的协和实验小学打造成一所名校。

对于新事物、新问题，我非常好奇。在这样的新挑战下，我在思考学校如何文化立校，实现五育并举。一早起来，我便开始查看协和实验小学的相关资料，寻求前任校长提出的文化理念的原点。

查看学校简介：双流区协和实验小学地处双流区协和街道，前身是双流区鹤林中心小学、双流区华阳小学清河完小、双流区华阳实验小学清河校区，2014年5月成为一所建制学校。2014年9月，投资5000余万元，占地62亩，拥有56间教室、24间功能室，能容纳2400余名学生的新学校投入使用。新学校由教学楼、综合楼、学术厅和食堂四栋建筑组成，建筑风格现代、雅致，是一所高规格、高起点的城市学校。

百度上官方微博是这样的简介：成都市双流区协和实验小学，地处双流区协和街道，紧邻天府新区成都直管区。学校占地62亩，能容纳2500余名学生，是一所高规格、高起点的城市学校。

学校拥有一流的校园环境和一流的设施设备，秉持"让每个生命都绽放精彩"的办学理念，致力于培养"德美人和，才高人雅"，具有"国际视野，家国情怀"的现代公民。

办学目标：把学校建设成为充满生命活力，有较高美誉度知名度的现代化学校。

办学理念：让每个生命都绽放精彩。

育人目标：培养"德美人和、才高人雅、家国情怀、国际视野"的现代公民。

校训：阅读人生，享受童年。

校风：求真向善，笃行尚美。

学风：勤奋坚持，乐学善思。

教风：爱生敬业，博学善教。

环境文化：春风化雨，润物无声。

人际关系：和谐、包容、真诚、平等。

课程特色：传承创新，多元开放。

校徽：三叶草。

校刊：《绽放》。

校歌：《生命绽放精彩》。

看了这些材料，我很欣赏学校"生命"教育的定位。"让每一个生命都绽放精彩"，是很好的思想。但怎样让生命绽放，我开始查看学校原有的2014—2019年五年规划和课程建设汇报，2019年恰好结束。查看完所有材料，我感觉到，一方面，"让每一个生命都绽放精彩"的办学理念，全国很多学校都在提，协和实验小学的个性没有得以彰显；另一方面，学校文化与课程建设、精细化管理契合度不高。

文化是学校的核心竞争力，既彰显着一个学校的发展理念，也指引着一个学校的发展方向，可以说学校文化是一个学校发展的内涵式品牌。如何创建好协和实验小学这张文化品牌，如何在传承中创新，我从履新的第一天起就在思考。

为了有新的思路，我重温了《中共中央　国务院关于深化教育教学改革全面提高义务教育质量的意见》,边学习边思考,我有了学校文化的创新思考。

怡心,多么富有教育内涵的名字。把教育做到离孩子最近的地方,就要从"心灵的沟通开始"。深耕怡心文化,办"怡心"教育,希望学校培养出来的"心娃娃"就像怡心湖的湖水一样澄澈、包容、灵动、美好。有了这样的培养目标,我们开设"五育并举"的课程,在五育中找到优先发展的两到三个项目,做深做透,做出体系和特色。同时,找准专家资源对接,开设教师专业培训"谈心"课程,成立学习共同体,配套教师阅读书目,以科研课题方式行走。

我思考着,全新的协和实验小学未来三年发展规划蓝图逐渐清晰了。然而,老师、孩子、家长以及领导是否认可,我期待从问卷调查中得到他们的答案。

第34天　2020年01月13日　星期一

党建引领学校高品质发展

履新到新的学校,作为公立学校的校长,我十分重视党建工作,特别是基于当前建设高品质学校的时代背景下,这就显得尤为重要。如何发挥党建引领作用,我做了如下思考。

高品质学校所展现的样态是未来学校的共同追求,但是,如何探索适合学校发展的现实路径,成了建设高品质背景下学校办学的新命题。发挥党建的引领示范作用,是实现中小学校高品质发展,提升教育教学质量的重要途径。所谓"党建引领学校高品质发展",是指在新时代下根据党建工作的要求,结合学校具体实情,创建适合校情的党建工作体系;营造良好的政治生态,体现党建工作在学校品质发展中的核心地位和巨大政治功能,让党的领导成为学校发展、教师发展、学生成长的显著特征,从而引领学校高品质发展。具体而言,需要发挥三个方面的引领作用。

第一,重视党建引领学校高品质发展的文化顶层设计。

有品质的学校肯定是文化个性特色鲜明的学校。因此,学校党建工作应该在共通性的基础上思考如何体现自己的个性?学校党建引领要有文化创新的思维模式,但是学校党建一定要突出"核心价值观与学校文化"的深度对接。坚决不能脱离"国家意志"空谈文化。因为,在中国既有的政治体制和国家制度下,学校基层党组织作为执政党在教育系统内的代表,是党和国家教育方针在教育一线落实的督导。进一步讲,指党建工作作为"国家—学校"间的联结而存在的,在整个学校组织系统中具有核心的领导地位。因此,党的建设具有鲜明的党性要求,这是党建工作开展首先要明确的政治前提,是无论哪个系统、哪个层级的党组织都要遵循的必要准则。但当前,学校办学已步入规范化、标准化阶段,正走向内涵化、品质化的新阶段。品质外化表现为品牌,这就要求学校应该办出特色。党建引领学校高品质发展的真正内涵就在此,即"党建要为学校文化建设注入党性底蕴,学校文化要为党性彰显提供生动表现,如此一体两翼,助推学校品质提升"。

我在双华小学任职期间,结合党建要求和学校建温润竹园的目标,进行了党建文化的转型与重构,紧扣党性修养与学校竹文化在"咬定青山不放松"上的精神共鸣,校本化表达为:在思想上,要坚持"咬定青山不放松"的党员精神;在目标上,要立足"立根原在破岩中"的支部战斗堡垒定位;在行动上,要保持着"千磨万击还坚韧"的执着;在氛围上,让整个校园洋溢着"任尔东西南北风"的乐观风貌。最终,使党建能够凝聚起全校力量,引领学校向高品质发展。

第二,完善党建引领学校品质发展的制度规范建设。

做好小学党建工作的"四个规范"。(1)基本制度规范,包括制定党支部入党积极分子培养方案、入党积极分子确定办法、团员入党制度在内的积极分子确定、考察、推优制度,发展对象考察制度,党员民主评议办法、合格党员行为规范等在内的党员考察制度,合格党支部建设规范、党支部党小组工作制度在内的支部建设制度等。(2)党小组制度规范。发挥党小组功能,坚持"一个党员一面旗""一个党小组也是一个战斗堡垒"的理念,健全党小组组长述职制度,提升支部建设凝聚力。(3)党员教育规范。以完善的组织架构和规章制度为支撑,严格落实"三会一课"(党支委会、党小组会、党员大会,党课),保证党员教育规范化。(4)宣传规范。做好宣传工作,是新时代应对信息社会自媒体挑战的重要举措。

通过在学校公众号中开辟专门的学校党建栏目,探索"红色数字校园"建设,创新宣传形式,注重时效性与教育性,提升支部建设影响力。

第三,探寻党建引领学校高品质发展的核心逻辑。

前面两点是基础,没有良好的党建基础,党建促进学校高品质发展也是无源之水、无本之木。但是,党建引领学校高品质发展的核心逻辑是什么?那就是,党建与学校教育教学工作相融合才是"党建引领学校高品质发展"的真正内涵所在。

小学学校党建在面临资源短缺的现实困境下,不能与学校日常教育教学脱离,要集中有限的资源,做好党建与教学的深度融合,只有在教育教学的基础上加强党的领导,党组织的战斗堡垒作用、党员教师的先锋模范作用才能得以充分发挥,学校党建工作才具有长久的生命活力,学校高品质发展才有现实保障。

具体而言,党建引领学校高品质发展,应该紧扣"学校的核心功能——教学,党组织的核心功能——领导",在思想层面、管理层面、组织层面、功能层面有所改变。

(1)在思想层面,确立了"融合驱动,互进共生"的发展理念,整顿小学学校党建工作中存在的执行力不足等问题。

(2)在管理层面,探索学校党组织与学校行政领导班子间的协调沟通机制,发挥学校基层党组织在现代学校治理过程中的领导作用。

(3)在组织层面,将党小组建设在学校具体的组织体系中,实现党组织与教育教学单位、后勤安全保障单位、课程研究与改革单位、教师发展中心的有机结合,在学校系统内建立其严密的党组织体系,同时又最大限度吸纳普通教师(群众)的广泛参与,改变以前党建活动,党员教师唱独角戏的尴尬局面。

(4)在功能层面,将党小组的作用发挥在学校具体的教育教学工作中，特别是在教学改革的险处，学生发展的痛处，社会关心的难处，建立起以"党建+"模式带动学校重要工作在党的坚强领导中得以落实的具体操作策略。

总之，只有在教育教学的基础上加强党的领导，党组织的战斗堡垒作用、党员教师的先锋模范作用才能得以充分发挥，学校党建工作才具有长久的生命活力，学校高品质发展才有现实保障。

规范而创新地发挥党建引领作用，让高品质学校建设成为现实，并且力争做出特色！

  如何找准学校定位，尽快谱写出属于协和实验小学的特色文化，成了大家认真思考的问题。在反复思考、自我碰撞的过程中，夏校长更像是学校里的孩子们一样，随时活力满满，像是有用不完的想象力，十足的创意接连不断往外蹦。因为紧临剑南大道和武警警官学院，结合学校周边资源、学校足球特色，想到了剑文化，提出"亮剑"精神。同时，融入古诗句"梅花香自苦寒来，宝剑锋从磨砺出"，一刚一柔，提出"梅"作为主题特色。在校长的带动下，走在路上、开会间隙、食堂吃饭，老师们就如何结合学校原有的办学理念——让每个生命都绽放精彩，再次深度挖掘，也对学校文化开展了碎片化式的探讨。

  当个人思维风暴席卷过后，各种想法如同火花散布大脑，亟待有心的人捡拾、有才的人编撰、有能力的人将它实现。经过学校行政会研究和校长办公会的探讨，决定要加快推进学校文化建设速度，为学校未来的发展提供方向和思路。于是，马昕老师和她的团队再次来到我校，共商校园文化。让专业的人的做专业的事，而学校则是在更加清晰明了的时间线和着力点上，提出自身诉求。最终，汇聚集体智慧，形成协和实验小学的文化特色。

探讨中，夏校长分享了她最新的灵感——"怡心"文化。借力新机遇，政府要把原来的协和街道和公兴街道拆掉，合并成一个新的怡心街道。如何抓住新打造的怡心湖经济商圈和新政策优势，把离天府新区最近的协和实验小学打造成一所名校，成了夏校长思考学校文化新的着眼点。夏校长结合《中共中央 国务院关于深化教育教学改革全面提高义务教育质量的意见》，希望将来走出协和实验小学的孩子都能身体好、习惯好、学习好、品性好、有特长。

在沟通交流、合作学习的过程中，学校文化构建之旅逐渐明朗。

首先，做好调查。明确学校已有的文化基础，以及老师、家长、学生和社会各界人士对我校的认知和希望。

其次，明确育人目标。基于此，我们才能知道具体怎样去做，所有的文化、所有的设施，都是为了使孩子健康成长。进而，才能真正快速定位，提出并斟酌修改学校文化，包括"育人理念，培养目标，校风，校训，学校标志"等在内。

最后，整体创设。在统一的学校文化背景下，衍生探索学校课程、德育活动、风格独特的功能室、彰显特色的建筑和装饰等。学校所要呈现的一切，都应该有的它的目的和需求，既能为师生服务，又能为学校的内涵式发展助力。

学校文化不是空谈，而是实实在在地来自学校，又回归于学校。

我们希望未来在这所充满文化气息的伊甸园里：孩子们像欢腾的小鹿，汗水和欢笑在孩子们的脸上；校园里各色建筑都有它的名字和内涵；老师们步履匆匆，从容而自信；整个学校以蓝色为主色调，像怡心湖的水一样，澄澈、包容、灵动、美好。一踏入协和实验小学，就让人感觉到它对于传统的传承、对于新兴的包容；阳光洒满校园，向上蓬勃的生命力，让人不由自主地踏实和放松。

（徐葉　撰文）

第35天　2020年01月14日　星期二

领航逐梦，智见未来

今天，我到成都七中初中学校，参加成都市初中校长领航班结业典礼暨学习成果汇报会。

对待这个会议，我非常重视，因为我也是成都市乡村校长领航班的成员，明年我们也将结业，举行结业典礼。提前观摩毕业班的汇报流程、内容、方式，应该是有益的。

一边观摩，自己也在一边反思农村校长领航班的学习历程。

领航班根据对乡村中小学校长培训需求的调查，精心设计了"以促进校长专业发展为主线"为核心的课程体系，包括"高级研修""专题培训""实践观摩"三大课程体系。"高级研修"重点提升校长战略思维能力、教育创新能力和引领学校可持续发展能力；"专题培训"重点是结合当前办学中的重点、难点、焦点问题而进行的问题引导式培训；"实践观摩"重点是深入教育教学一线，通过与同行间的深入沟通，全面了解不同区域学校教育发展现状，深刻感受不同的教育生态。然而，乡村校长领航班是基于怎样的时代背景？即"农村学校校长素质提升在乡村振兴中的现实意义突出"。

要为乡村学校注入内生活力，就必须提升乡村的基础教育质量，农村学校校长作为领导学校改革和发展的中坚力量，是学校提高教育质量的第一责任人，他们也是乡村振兴必须依靠的重要力量。因此，成都市教育局启动了第一批农村学校校长领航班培训工程。领航班的目的在于培育新时代校长核心素养。相比城市校长，农村学校的校长缺什么？缺的是系统的思维、系统构建的能力，在这种能力缺失的背后，是眼界的狭隘，是惰性和急功近利的思想，是不科学的手段和方法。这种劣根的根源就是缺乏深度的学习。只有通过深度的学习，农村学校校长才有成为领航校长的可能。

新时代的学校校长，不仅需要扎根中国大地办教育的情怀，也需要具备世界眼光的教育理论与实践能力。中共中央国务院出台的《关于全面深化新时代教师队伍建设改革的意见》指出，"鼓励教师海外研修访学"。对此，农村学校校长领航班培训工程的下一个阶段目标是，开展芬兰的海外研修项目。芬兰的教育，特别是其基础教育，是世界上办得比较成功的教育。他山之石，可以攻玉。学习和借鉴芬兰中小学新一轮的改革模式，对深化我们基础教育改革，提升基础教育质量，具有重要启迪意义。

什么叫领航，怎样的校长才能领航？从那些学习榜样的校长身上，我看到了新时代领航校长的样态，那就是，有知识、有情怀、有能力、有远见、有担当。在新的学校，我要努力做到。

第36天 2020年01月15日 星期三

教育在细节中，育人在显微处

散学典礼作为学校教育的组成部分，一样起着育人的作用。它是学校重要的仪式之一，在仪式活动上，通过规范组织，有效开展，能够给予学生价值引导，传递合规的行为规范，也能加强组织凝聚力。但是，有效地发挥散学典礼的作用，需要学校具备"三个意识"：课程意识、审美意识、激励意识。

明天就是学校的散学典礼，昨天我外出开会，今天回校一定要督导牵头的德育部门同志是否有这三个意识，是否带领班主任们做好了准备。早上7点40分到校，我期待看到老师们为明天的散学典礼暨家长会忙碌的身影。到了8点30分，看到的老师却寥寥无几。一问才知道，老师们昨天阅卷统分后，都认为今天不上班，我走了几个教室，都没有对明天散学典礼暨家长会做任何的布置。

事情严重了。我感受到了这个学校存在的新问题，缺乏规划，做事平庸随意。面对数量庞大的新老师，如果不对他们进行会前培训，明天的家长会将是怎样的一个局面。于是，我马上联系党政办，通知所有行政人员和年级组长上午开散学典礼暨家长会筹备会，下午全体老师到校做好家长会开会内容、形式、环境等的准备，要求老师们突出课程、审美与激励意识。

我针对散学典礼暨家长会，提出每个班主任，应该知晓每个孩子的考试情况，并把试卷放在桌上与家长见面；指导孩子们假期当中的"百日阅读"和社会实践活动；引导家长们正确对待孩子考试成绩；下学期特色课程选课的调整事宜；思考各种类型孩子的表彰形式，尽量做到每个孩子都能得到激励……

明天散学典礼后，中午就是春节团拜会。在临时的行政会上，我给工会的同志做了如下提醒，退病休老师什么时候回来，在中午团拜会上座位怎样安排，年级老师的座位怎样安排，教职员工的座位怎样安排，团拜会上怎样体现同志之间的温馨快乐氛围，工会和后勤总务准备工作的进展情况……

明天下午2点到3点30分，是教育教学工作会。教导处的教育教学总结表彰，组织学习成都市双流区教育局关于印发《成都市双流区义务段校长培训课程实施方案》的通知，德育安全处的假期安全提示，教师发展中心的寒假教师专业提升计划分享，老师的绩效考核，优质特色奖励等工作，是否做好了签字确认；宣传与对外交流合作科的新春团拜片，工会的新春祝福，整个会议的主持、事件、流程是否准备好等事项，我也一一做了提醒。

明天下午4点30分，是学校行政工作总结会。辛苦了一学期，行政人员们取得了哪些成绩，下学期的行政分工，新增设哪些干部，下学期的工作规划，学科组长拓展和研究性课程的开设情况，对学科组长的考核制度，年级组长的工作规划，对年级组长的考核制度，以及整个年级"五育并举"怎样体现和规划……这些问题都需要梳理、形成规程，才能保证学校正常有序地运转。

在行政会上，我与每个行政部门负责人和年级组长一起梳理以上问题，看着同事们投入的样态，我突然感觉到了校长的幸福感，它来源于对学校事件的前瞻性和对细节性的强调。

下午，所有老师都按时到校，年级组长给班主任和辅导员开了家长会的二级培训会后，学校里的每一个老师都忙碌起来。当看到这一切时，我获得了"教育在于细节里，育人在于显微处"的真切体悟。

第37天 2020年01月16日 星期四

谋"怡心"教育，话新春规划

今天是这学期孩子们在校的最后一天，上午8：30—10：30是散学典礼。昨天通知家长们8：10开校门，可家长和孩子们都很积极，我7：40到学校时，校门口被早到的家长和孩子挤得水泄不通。如果昨天没做好充分的准备，面对对待孩子教育问题热情似火的家长们，我们将情以何堪。

散学典礼分为两部分。8：30—9：00，是校长通过校电视台远程召开50个班的家长会。9：10—10：30，是各班在班上召开家长会。

远程家长会在三楼会议室举行。刘勇副校长是掌握设施设备的能手，早早地做好了收音扩音的准备；胡涛主任作为家长学校的校长，也早早地安排好了主持人，他们都是办事妥帖的人，是我工作中值得信赖的伙伴。我在散学典礼上讲些什么呢？昨天晚上我一直在思考，要把教育做到离孩子最近的地方，我的讲话一定要从当前的期末考试、寒假要求实际情况出发，给家长和孩子们一些建议。

尊敬的家长朋友、老师们、孩子们：

大家早上好！

新春佳节，万象更新。

我们即将告别满载精彩记忆的2019——猪年，迎来蕴藏无限可能的2020——鼠年。在此，我谨代表学校向关心、支持协和实验小学，关注孩子成长的家长朋友们，致以最衷心的感谢和崇高的敬意；向一年以来把爱心献给孩子，默默耕耘的老师们致以节日的问候，祝全体老师新春快乐，万事如意！向一年来健康成长，努力学习、爱学校、爱老师的每一个协和实小娃道一声辛苦了：宝贝们，祝贺大家长高了，懂事了！

回眸2019年，协和实小走过了辉煌的一年，取得了丰硕的成绩。学校层面，获得了8个荣誉：成都市新优质学校、成都市节水型学校、成都市阳光体育示范校、全国青少年校园足球特色学校、成都市健美操协会会员单位、双流区廉洁学校、双流区"融合教育先进学校"、成都市艺术特色学校。

艺术方面：在2019双流区中小学班级课堂器乐合奏比赛中获小学组"二等奖"、2019"弘扬工匠精神打造航空经济之都"中小学音乐教师技能大赛组织奖。

体育方面：双流区体育教师技能大赛获一等奖，我校两支啦啦队勇夺成都市啦啦操总决赛一等奖，女子甲组、乙组足球队在区级联赛中双双获一等奖，男子乙组足球队获得二等奖，区集体项目运动会获得足球项目一等奖，荣获成都市"十大学生阳光体育活动"百日游泳一等奖。

科技方面：成都市第十五届青少年机器人竞赛智能战车三等奖、"运动成都"2019年成都市中小学生航海模型锦标赛优秀组织奖……

教师获奖：双流区2019年度"一师一优课，一课一名师"一等奖12名、二等奖56名，双流区"明日之星"赛课一等奖3人、二等奖1人，26名教师论文发表获奖；教师获奖人数达到了99人次。

学生获得各类奖项共计200余名。这次期末考试，许多孩子也取得了优异的成绩。

希望获得表彰的孩子再接再厉，保持良好的学习兴趣和学习习惯；没有得到表彰的同学不灰心，争取下次取得优异成绩。我给家长提个要求，不管孩子这次考得好与不好，都不能打孩子。找到孩子没考好的原因才是最重要的，然后积极改进，每天进步一点点，那就是有希望的生活。我特别要给六年级孩子加油，希望你们在寒假中锻炼好身体，安排好假期时间，在休息好的同时也做好查漏补缺，争取在今年六月份的毕业考试中取得优异成绩。

从今天，也就是元月16日开始，孩子们就正式放假了，要2月17日才收假。寒假有整整一个月的时间。希望孩子们在假期中多外出旅游，看看外面的世界；多去看望自己的亲人和朋友，做个有爱的人；利用假期开展好"百日读书活动"，让自己的假期充满书香。当然，在假期中一定要注意交通、防火等安全。

另外，有一个特别说明：学校在期末根据学生的特长，学生在下学期可以自愿选课，没有选的孩子还可报名。如果没选到自己喜欢的，可以报给班主任，班主任报给学校，我们会尽量调整。

好了，新春佳节即将来临，我再次代表学校祝所有的老师、家长、孩子们鼠年大吉，来年更好！

讲话完毕，我和胡主任巡视班级家长会。每个班的班主任都在热情洋溢地讲解：有的在分析考试情况；有的在评价学生，为学生颁奖；有的是家委会的家长代表在分享育才经验……家长们认真听讲，孩子们依偎在旁边，共研教育梦的画面是那么让人感动。

11点，我和刘校参与了教导处对18个学科组长的感谢会。会前，我叫党政办打了一个开会的主题："谋怡心教育，话新春规划。"我也在会上表明了开此会的目的：（1）再次认识每个组长；（2）让学科组长有归属感，他们归口教务处和教师发展中心管理，主要是带着老师们做好常规教研和课程建设。会议结束，我们为每个学科组长发了一个小礼物，表达对他们辛勤付出的谢意。因为之前没告诉他们准备了礼物，可爱的老师们拿到礼物后都是那么欢欣雀跃……

11：30，在我的办公室又召开了一个在校教师在本校读书的孩子的迎新年读书会。我们学校有8个老师的孩子在我们本校读书，怎样激发这些孩子对学习的热情，以及了解妈妈爸爸在校工作的辛苦，从而更努力上进呢，我准备了许多新书和巧克力放在桌上，让孩子们自己选两本作为新年礼物。孩子们拿着礼物，都高兴得手舞足蹈。

11：50，接待三位退休教师：邵礼成、徐建进、李晓菊。拉家常，送祝福。

12：00，协和实验小学在食堂团年。行政团队一桌一桌地给老师们敬酒祝福，老师们又回敬行政团队，气氛热闹而温暖。

下午1：30，我们又回到学术厅举行教育教学工作总结会：参会的有黄军、樊小娟、胡涛、袁乙洁，刘勇做了发言。

下午3：00，学校全体教职员工齐聚一堂，看年度大片，看祝福视频，工会送上了新年的祝福，在祝福和欢笑中送走2019，迎来2020。我在微信朋友圈里表达了我到协和实验小学工作的踏实、快乐与希望。

谋"怡心"教育，话新春规划。散学典礼、师生新春座谈、团拜会，整整的一天，感动着、温暖着、祝福着。办有人性、有温度、有故事、有美感的"新时代"学校，从今天开始！

周一行政会确定了散学典礼的时间以后，我下来做了一个方案发给了老师们，大概是我没有强调细节，再加上才开了家长会不久，老师们也不以为然，没人重视。15号上午，夏校长到学校发现了问题，

及时通知年级组长一起给我们开了一个会。会上大家一起讨论、仔细梳理了散学典礼家长会的流程。的确，做事要有前瞻性，提前做好方案预设，这样才能在工作开展中减少不必要的折腾。

梳理完散学典礼及家长会的流程，夏校长特意强调了几个重要的环节、细节需要我们注意，一是下午要打扫班级卫生。二是布置教室、黑板。三是摆放所有科目试卷、通知书。四是做好PPT。夏校长告诉大家要提前做好准备、胸有成竹，要端庄大方、阳光自信。年级组长很快召集了各个组的老师，开了散学典礼工作二级会议，传达了夏校长的要求，以及大家需要注意的一些细节问题。

老师们很快动了起来，等我再去检查教室布置情况的时候，教室里已经井然有序，黑板上也画满了、写满了各种各样的欢迎词和祝福语。我又被感动了，感动于我们老师的执行力。原来不是我们的老师懒散，确实是以前我们没有认真地预设过每一次活动我们应该怎么做，怎么做到精细、做到极致。

细节决定成败，散学典礼准时顺利地召开了。虽然我们是第一次电视直播，尽管主持的孩子声音有点儿小，虽然教室里孩子和家长坐在一起有点儿拥挤，但所有的一切在信息组老师的技术支持下，在每一位班主任老师的精心准备下，散学典礼在家长的满意声中落下了帷幕。看着在校园里到处合影留念的家长，我知道，大家的付出与努力都没有白费。

教育就是感动自己，感动别人，感动未来。我们要坚持立德树人，把学校办成老百姓信任和满意的学校。我们做的是育人的工作，我们的一言一行、一举一动都关系着孩子一生的成长，我们要带着责任心认真地做工作。的确，德育工作是学校工作重中之重，我们唯有脚踏实地,以心育人,走近孩子和家长的心灵,关注教育教学的点点滴滴,才能让学生成为星空中最亮的那颗星,发出璀璨的光芒。而我们,就是那个点亮星星的人。

(胡涛 撰文)

教师日记

2019年末的校长轮换,使得我们本学期的总结会别有一番味道,增添了不少的乐趣。

这次的总结会分为两个板块:第一个板块是教务处、教师发展室以及德育处、安全处的总结表彰。第二个板块是我们党政办牵头的年度大事记和年度大片。

在徐葉老师幽默风趣的的主持下,我们的年会拉开帷幕,先让全体教职工们看年度大事记,看我们学校各部门在本学期做了哪些事情。十几分钟的视频,老师们看得很专心,不看不知道,看了才真正发现,我们原来做了那么多的事情。这也是拉近老师们彼此之间距离,增进相互了解的一种方法。让大家知道彼此都为学校付出了什么,也更懂得彼此的付出和相互尊重。所以,这个大事记的制作很有必要。只是今天有一点点的不足,是年度大事记前面的图片呈现的速度稍微快了一些,不过还是非常感谢徐葉和汪敏的策划制作,让我们的总结会上升了一个台阶。紧接着夏校长为全体教职工发红包让大家都兴奋不已，音乐组的即兴表演，刘勇副校长再次发红包，整个会场一片欢腾，大家欢欢喜喜准备迎接寒假的到来。最后的年度大片把今天的总结会推向高潮，全体教职工都非常认真地观看大家送上的新春祝福，也努力地去寻找自己的身影。十几分钟的视频，让协和实小这个大家庭的全体教职工都出现在了镜头里面，这都得感谢徐藁和两位信息技术课的老师，是她们抽出时间去录制、去剪辑、去制作，让今天的总结会别有一番味道。

　　回过去再思考，当初我们党政办的同志们接到任务时都不知道该从何入手，临近期末，琐事缠身，没有时间思考，认为自己不懂不想去做的情绪，接踵而来。可是，今天呈现出来的精品让在座的每一个人都露出灿烂的笑容，足以说明我们大家都是很能干的人，我们会做得很好，这大大增强了我们所有人的信心。

　　所以，我觉得今天的总结会别有一番味道，因为这不仅仅是拉近了我们全校所有教职工的距离，更是增强了我们这些幕后工作者的自信心，也许这是我们工作的又一个全新的开始！

（叶丽娟　撰文）

第38天　2020年01月17日　星期五

放假第一天，去看望母亲

今年的春节来得特别早，17号老师和学生放假，24号就是大年三十。本想好好利用春节前的七天时间，思考履新以来还没了解的学校财务工作、后勤总务工作、人事工作等，继续和行政人员探讨梳理学校文化。但是，当我回家看见坐在轮椅上的母亲时，我彻底改变了想法。

妈妈在10年前就患了阿尔茨海默病。老年期最为常见的一种痴呆类型，也是老年期最常见的慢性疾病之一，临床上以记忆障碍、失语、失用、失认、视空间技能损害、执行功能障碍，以及人格和行为改变等全面性痴呆表现为特征。妈妈在65岁以前就有症状，到现在已经十年了。她完全失语，所以不知道她能不能认识我们。妈妈走路也失去了平衡，为了让她多活动，需要两个人搀扶走上几步，所以每天除了躺在床上就是坐轮椅。吃饭、大小便都要按时间严格执行，偶尔一疏忽，母亲就会弄脏裤子。

因为母亲住在双流，我住在华阳，距离较远，再加上工作忙，常常只有利用放假的短暂时间去看看妈妈。我原来在双华小学工作，去看妈妈的路途要近些，也方便些。可调到新学校后，路途比原来多了一倍，再加上刚履新新学校，万事开头难，看望妈妈的时间总是不合适。所以工作永远第一，妈妈第二。心里每天都充满了对妈妈的亏欠，却好像永远没有合适的时间，去陪陪完全不认识我的母亲。子欲孝而亲不在，这句话在三年前父亲离世的时候我曾痛定思痛。

所以，第一天放假，我什么都不想做，什么也不想，打车直奔双流看望母亲。给妈妈喂饭、洗脸、剪指甲、上厕所、按摩萎缩的双脚，搀扶妈妈慢慢挪移，活动身体，心里有了满满的踏实和快乐。

我想到了我的行政人员，他们有的还是小年轻，大龄女青年还没男朋友，留点时间让她们去接触男孩子吧；他们有的初为人母，嗷嗷待哺的孩子需要陪伴；还有的与我一样，人到中年，年迈的父母更需要亲情的温暖。

放假了，让我的同事们彻底休息，我想这就是最好的安排。

第39天　2020年01月18日　星期六

回老家

今天回老家给姨妈祝80大寿。

第40天　2020年01月19日　星期日

用好绩效考核这一评价标准

年末最后忙的一件事,是给老师们算年终绩效考核。协和实验小学的年终绩效考核和优质特色奖,由刘勇副校长牵头考核,他一直没休息,双流区教育局17号下午召开了相关工作会,19号上午就要求校长签字后上交考核结果。

什么是绩效考核呢?是指政府机关或企业等组织,根据特定组织定位和目标,运用严格的标准和指标,对职员或员工的工作质量及取得的业绩进行评估,以了解监督组织成员的工作情况,并将考核结果作为奖惩、培训、辞退、职务任用与升降等实施的基础与依据的过程和方法。绩效考核本质上是一种过程管理,而不是仅仅对结果的考核。它是将中长期的目标分解成年度、季度、月度指标,不断督促员工实现完成的过程。基于此,作为校长一定要对上级绩效考核政策进行了解,对学校绩效考核方案进行熟悉和掌控,这是管理学校的尚方宝剑,也是全体老师在工作和学习中,提升自己专业能力的指南。

刘勇副校长把他算出的绩效考核7张表给我一一解读,包括八个方面的考核内容:班主任业绩考核、教育教学成绩考核、加班在绩效中的体现、代课费、功能室管理员津贴、教研组长和年级组长津贴、行政津贴、毕业班奖励性津贴。

我一边听,一边询问他每项考核的维度和标准、基数,以及奖励扣除的标准,刘勇都能如数家珍,我感受到了这个副校长的才华。汇报完之后，我问了刘校一个问题："你认为这个绩效方案存在的不足在哪儿？"刘勇告诉我："这个方案对老师的激励性不够，例如上公开课、发表文章、课题研究、教具制作等都没突出体现，并且当前的绩效方案对老师是否全勤没有约束，当前方案不能适应现代化学校对教师评估标准的新要求。"刘校说的我认同，这正是下学期学校在教师专业提升和学校内涵发展方面，应该对老师们制定目标、计划、工作的指南。算了绩效考核，刘校又给我交流了"优质特色项目"奖。这项考核，目前学校没有考核标准，无法体现多劳多得、优劳优酬，老师们几乎拿的是平均数，存在"吃大锅饭"的现象，容易导致"磨洋工"的问题。

我认为对于绩效考核，应该坚持两项基本原则：第一，总体控制，体现多劳多得、优劳优酬的原则；第二，避免重复，体现教育教学终结性成果。

新的学期，需要着手完善绩效考核方案，我把这一项工作记到了开学首要工作计划中。

第41天　2020年01月20日　星期一

让临聘教师有归属感、价值感、幸福感

临聘教师指国家公办学校为弥补师资力量的不足而对外公开招聘的、不纳入正式教师编制的、临时性教师工作职位。

协和实验小学130个老师，就有75个临聘教师和8个特岗教师，占了学校教师总人数的63%。临聘教师数量十分庞大。这部分教师的教学工作情况、教育教学专业知识和能力、职业待遇现状、心理现状等，是我亟待研究和重视的一个工作。

在双华小学当校长时，我常对临聘老师说："走进双华门，就是一家人。你们在双华小学的每一天，是安心学本事的一天，是好好工作的一天。假如，你哪天考上了公招，成了编制内的老师，我给你奖励。"因为，我深知对他们好，他们能安心工作，既成就教师，也对得起孩子。他们公招走了，留下的是一群优秀的孩子和一个优秀的班级。

当刘勇副校长打电话问我临聘老师的绩效考核和优质特色怎样考核时，我说了五点原则：第一，按照教育局安排单独拨付班主任津贴。第二，优质特色奖按教育局的要求全部拨付。第三，对有突出贡献的临聘教师，要与在编教师一视同仁进行奖励。第四，按去年的绩效考核方案执行。第五，做好沟通交流，及时收集并反馈意见。

这个群体的教师年终考核奖金最高能拿多少，最低能拿多少，为什么拿得多，为什么拿得少，我想年后我会和副校长、后勤财务等做一个评估诊断，做出合理利用和改善问题的对策建议，优化绩效考核方案。最大限度解决"同工不同酬"现象，避免导致临聘老师付出与回报失衡，心理压力较大，阻碍专业发展，教育教学专业实践能力偏低，职业群体流动性过大不利于学生的持续教育，对编外教师的管理不规范等问题。

努力让临聘老师对学校有三感：归属感、价值感、幸福感。

第42天　2020年01月21日　星期二

学校向社区开放

今天是腊月二十七，年味越来越浓，中午与朋友团年。

下午，收到怡心街道党政办通知：明天到新成立的怡心街道，参加"不忘初心、牢记使命"的主题教育总结大会。

我对这个会很期待。第一，怡心街道自2019年12月新成立以来，我一直没去给怡心街道党工委的新书记报到，汇报我履新协和实验小学情况。第二，怡心街道是拆掉协和街道和公兴街道后，合并成的一个大街道，协和实验小学就是隶属于这个新政府的驻街道事业单位。它在什么位置，街道办哪些科室与学校工作有关，这些科室的牵头负责人有哪些……

作为校长，一定要开放办学，通过沟通和交流，得到社区在教育教学上最大的支持。

要突破学校与社区主动沟通、交流较少、社区教育资源未能很好地利用的困局。我们需要通过邀请社区走进学校、联合社区开展活动、离校不离教等形式向社区开放。让他们了解学校，增进学校社区之间的共识，从而支持学校的各项工作，得到社区物力财力的支持。孩子们亲自参与社区活动，也会给社区工作带来活力和生机，使社区有了关注教育、与学校联动的诉求。

不仅如此，学校还应该做好三个开放，拓宽学校发展资源供给来源。

一是学校向家长开放。当前，家校合作中的突出问题是，家长对教育漠不关心，认为教育是学校的事。为改善此类境况，学校需要管理向家长开放，成立家长委员会，颁发家长义工证书，让家长走进学校管理，了解学校。需要课堂向家长开放，通过推门课、观摩课、志愿者课堂，让家长走进课堂，了解课程和学生。需要活动向家长开放，通过传统节日、纪念日庆典等让家长走进活动，看到教育的成果，增强对学校教育的信心。学校向家长开放，使家长由一个学校教育的旁观者变为参与者到策划者，关心孩子成长的诉求得到显著提升，也会越来越支持理解学校的办学。

二是学校向社会开放。传统教育中常常出现的一个问题是，社会开放程度不足，学校发展相对孤立。为了改善这一局面，我在双华小学任职期间，学校率先通过"警民共建"和"非遗进校园"的形式予以应对。通过"警民共建""非遗进校园"等向社会开放活动的开展，能够让更多的资源聚集到学校，让学生能在学习过程中拥有更丰富的校园生活。学校定期邀请法制副校长、法治辅导员到校实施"法律进校园"课程，黄甲派出所的民警、双流消防队的战士、双流司法局的司法宣传员、西航港法庭的法官、成都市防火办的宣传员相继走进学校，通过讲座、视频、法治课、模拟法庭等形式落实"法律进校园"课程实施。学校积极联系四川省曲艺研究院，在学校开展曲艺社团，实施"非遗进校园"课程，成为非遗小小传承人。双华小学"非遗进校园"课程的落实也让学校赢得了"四川非物质文化遗产传承基地学校"的荣誉。

三是学校向世界开放。不同的教育形式，跨国际的文化交流，无疑会给师生带来一种感观、视觉、心灵的震撼，产生我要发展、我要成长的诉求。但是，由于地域条件的限制，学校师生接触世界先进教育资源的机会较少，不利于开拓师生的视野和国际公民意识的培养。针对这个问题，学校迫切需要开展丰富的国际交流和游学活动。目前，学校正在为与泰国清迈水晶树等学校缔结友好学校而积极努力。

向家长、向社会、向社区、向世界多层次的开放，能够激活办学各个要素，提高办学活力。

第43天 2020年01月22日 星期三

了解学校隶属的街办

今天是腊月二十八，离大年三十还有两天。我到怡心街道参加"不忘初心、牢记使命"的主题教育总结大会。

第一次参加怡心街道办事处的会，我特意观察了我的位置，以及前后左右的座牌，作为一个校长，一定要很快熟悉与学校以后发展相关的人和事。另外，我也很关心怡心街道管辖下的14社区以及社区名称：红瓦社区、三江社区、长顺社区、骑龙社区、河池社区、清河社区、兰花沟社区、公兴场社区、朱家庙社区、草坪社区、双塘社区、高峰社区、藕塘社区、邵家店社区。

会议开得很扎实，我也听得非常认真。从怡心街道李德文主任"不忘初心、牢记使命"主题教育总结报告中，我感受到了这个新成立的街道，在新的一年，要走出一条符合怡心社区特色之路的决心和信心。

那天的会本来11点结束，因为新型冠状病毒感染的肺炎疫情，怡心街道宋晓冬书记从区上开完紧急会后匆匆赶到会场，马上主持召开了"怡心街道新型冠状病毒感染的肺炎疫情防控"工作会。宋书记从这次疫情暴发的现状，疫情防控指导思想、工作机构、责任分工、具体工作安排做了详细部署。看到台上领导雷厉风行、思路清晰地布置工作的状态，我由衷地对他们肃然起敬。

遇到这次大爆发的疫情，学校放寒假，孩子们一个个在家隔离，这又是多么地庆幸。但面对疫情，学校寒假值班和开学工作又将是一场攻坚战。

第44天 2020年01月23日 星期四

校长是第一安全责任人

今天腊月二十九,安排工会主席刘勇前往学校看望值班的门卫师傅和值班教师,并成立疫情防控工作小组,我是第一安全责任人。

第45天 2020年01月24日 星期五

除夕夜，为祖国祈福

今天是大年三十，回双流陪患病的母亲，给母亲洗澡，洗衣服，喂饭，打扫院子……累，但踏实。

除夕夜，与大姐和妹妹吃团年饭。妹妹是医生，不断给我们讲有关疫情的变化和防护知识，越来越认识到疫情的严重性。

我通过学校微信生活群，给老师们发出新年的祝福，在庆贺的同时，也发出各级各类疫情防控文件和提醒。我梳理了一下，有20个左右的文件和通知。我强烈地感受到了党和政府面对疫情的果断和力度，一个朋友发微信给我，内容如下。

试问哪个国家有这种执行力？一纸命令，封城；一声呼吁，上千医生除夕夜奔赴灾区；一个号召，全民春节不出门；一声动员，几天时间新建两所医院。唯有我们祖国，上下齐心、众志成城、科学施策能抵御一切艰险苦难。非典让我们团结，汶川地震让我们增强信心。因为，我们深信：不久后，再回头，这又将是一场胜利。

写得多好。是的，国难兴邦，风雨同舟。加油，武汉！加油，祖国！

休息

正月初一,因疫情待在家里陪母亲。

第47天 2020年01月26日 星期日

众志成城,抗击病毒

正月初二,到怡心街办参加新型冠状病毒感染的肺炎疫情防控指挥部第七次会议。会上,怡心街道14个社区和学校依次汇报防疫工作。

我的汇报如下:(1)制定了防控方案,校长和中层干部轮流值班、保持通信畅通。(2)主动不出远门、不参加聚集、加强个人卫生防护。(3)强化门卫管理,校园禁止无关人员进入。(4)核查防疫材料,目前有医用口罩约200个,消毒片两瓶。同时,加紧增加库存储备。

会后,接到区教育局紧急通知。由于,当前疫情防控已上升至突发公共卫生事件一级应急响应状态,区教育局进一步提出了工作要求。要求迅速发动校内各级干部、班主任等力量,全面排查汇总2020年1月8日至今出行湖北和武汉的教职工、学生信息,包括到过湖北和武汉的教师、职工、学生人数及其基本信息和处置情况,接触过湖北和武汉来蓉人员的教师、职工、学生人数及其基本信息和处置情况。

于是,我通知学校负责安全副校长刘勇与学校安全办主任紧锣密鼓地统计上报,并且立即成立了11人的应急队伍。

第48天 2020年01月27日 星期一

读书好时光

正月初三，蜗居在家，正是读书好时光，再读李希贵的《学生第一》。

第49天　2020年01月28日　星期二

实现真正意义上的学生第一

昨天，我看了三分之二的李希贵校长的《学生第一》，清晨醒来，躲在被窝里继续酣读，我想从该书中找到协和实验小学新样态办学的灵感和支点。

果然不负我望，这本书的主旨始终是学生第一。如何在新时代的学校中实现学生为本的价值，怎样去落实学生的中心地位。从李希贵校长书中办学实践和思考，我读出了其中蕴含的教育智慧。

（一）课程设置始终对接育人目标，把学生放在第一位

1.开学护照。让孩子们在人际交往中结交朋友，认识老师，培养了孩子的沟通交际能力。

2.校园机会榜。把劳动教育纳入体验课程，既有参与又有激励。

3.成立学生出版社。让学生既有成果意识，又锻炼了组织能力和经营能力。

4.校园吉尼斯。为有才艺的每一个孩子提供展示的平台。

5.成立学生影院。让孩子们在校园里就能看到经典的电影。

6.成立"学生大使团"。让孩子们在国际交流中发出自己的声音，讲述自己的故事。并且举办"世界文化艺术节"、学校奥林匹克运动会、国际交流中心，把国际交流教育做出新意和特色。

7.学生和老师一起出书。编写校本教材，数不尽的精彩。

8.评选"每月一百星"。让每个孩子看得到自己的成长。

9.校长有约。共进午餐，孩子们的快乐和烦恼有了最好的倾听者。

10."家长大师"进校园。让学生的特色课程有更多的教师资源。

11.社会职业考察课程。将现存的职业领域进行梳理，既参考政府劳动与人力资源部门的信息，又注意结合当今社会发展带来的许多新的职业，汇总成三十多个领域，在每一个领域选择一至三个基地供学生考察，这是一件多么有意义的事情。

12.成立学生咨询辅导中心。解决了一位班主任老师面对全班几十位学生，教育的针对性、个性化难以保证的问题，值得我们借鉴。而且，行政班的管理方式也过分强化了班主任老师的权威，如果不加以注意，很容易拉大师生间的距离。但是，由于历史、文化传统的原因，也因为自下而上各层级教育体系的特点，我们很难有颠覆性的改革，只能循序渐进地有所作为。在行政班管理体制下，构建全校性学生咨询辅导体系，就是我们的一个尝试。

13.一学期举行一次少代会。让学生就学校发展问题提出自己的提案，学生参加校务会，不仅仅意味着让他们参与学校管理，同时，对于唤起他们参与公众事务的热情、唤醒他们的民主意识，有着巨大的作用。而这两点，也恰恰是当代公民的必备素质，是学校应当赋予学生的精神特质。

14.老师讲座系列。一个系列一般包括6～10次讲座，待讲稿基本成熟后，即为之结集出版。每学期的讲座安排会提前公布，每次讲座由学生通过校园网自选座位，同时上传每次讲座的视频，供没有到现场的学生使用，在网上设置讨论区，以扩大讲堂的影响，提高教育效益。

15.成立"名生"大讲堂。可以是毕业的学生，也可以是在校的学生。

16.开展为班级和社团命名的活动。让学生经历一个不断发展的过程。

17.把课堂设在社会上。满足更多孩子的个性发展需求。

18.学生评价。通过学生评价把学校办成孩子喜欢的地方。

这18条小创举，让我边看边拍案叫绝，如果协和实验小学的管理者学到了这些思想和策略，那么，我们办有品质的学校还有多远呢？

（二）重视教师的情感需求和专业发展，老师也不能是第二

1.评选月度人物。

2.评选青年才俊。

3.给新老师开欢迎会，写出一句话闪光点。

4.给每个老教师做退休纪念册。

5.教师节开展做"贺卡和贺词"活动评选。

6.每月"金点子"征集活动。

7.表彰教职工的优秀子女。

8.协商、协调和协作，让优秀教师参与项目制管理。

9.引入外部智慧管理学校。聘请法律顾问、审计师事务所（从编制学校预算开始，全程介入学校财务管理工作，从资金使用效益到财经纪律，学校品牌战略管理、文化建设、管理咨询机构）。

10.图书按老师所需配备，予以报销。

11.怎样开好教代会，让更多老师参与教代会。

这一件件把老师放在第一位的举措，让人感受到了李希贵校长的办学胸怀和智慧。

我期待着拜读李希贵校长的第二本书《学生第二》。

第50天 2020年01月29日 星期三

善待教师，学生第二

今天继续看书，闲度时光。李希贵校长写过两本书，一本《学生第一》，一本《学生第二》，这不是矛盾吗？

前两天阅读《学生第一》，我已被李希贵校长创造性地为学生构建丰富的个性化课程深深地打动。那种随时想着学生，以学生为主体、以学生为主角、以学生的视角来分析问题，解决问题的智慧，让我醍醐灌顶。那在《学生第二》这本书中，李校长对待老师的态度、行为又有着怎样的细节，又隐藏着怎样的智慧呢？

校长的终极使命是为师生服务，促进教师发展和学生成长。李校长在书中写道，目中无人，服务就不会充满人性，服务质量也就永远不会进入至高境界。我们要经常反思，教育是塑造人的事业，以学生为本，塑造他们美好的人生，是我们不懈的追求。可是，要知道，这一切都只能通过教师来完成。用幸福才能塑造幸福，用美好才能塑造美好，"亲其师"才能"信其道"。任何关爱必须经过人的传递才显得真切、动人，谁都没有办法改变这一点。当学校把教师放在第一位的时候，教师也会把学生放在第一位。李校长是这样想，也是这样做的。

学校在教学上要做到学生第一，但是在管理上，必须做到教师第一，特别是作为校长，需要以服务者的角色进行自我定位，才能做到急老师之所急，想老师之所想，重视老师的待遇问题、家庭问题，切实解决老师的后顾之忧。我们不能空洞地去标榜老师是春蚕、是蜡烛，虚伪地要求老师做无私的奉献者，只有老师实实在在地收获到教师职业所带来的幸福感，感受到教师身份所赋予的社会认可与尊重，老师才可能最大限度地去热爱自己的职业，发自内心地去关怀所教的学生。因为，对一个从事着塑造人这一崇高职业的教师来说，如果他的动力不是来自热爱，而仅仅是来自压力，这样的塑造，其结果肯定是十分可怕的。

简而言之，教师管理的终极指向是，服务于教师作为人的发展。而人的发展，首先，需要物质基础的支撑；其次，是知识和能力的发展；最后，是精神生命的舒展。不考虑人的价值感、使命感的唤醒，爱与关怀就会很难发生，进而可能会偏离我们立德树人的初衷，也不会实现"学生第一"。这是教育的理想和管理的智慧。

9点，我到学校督查疫情防控值班情况。刘勇副校长、值班行政许阳、值班教师黄家琼、值班门卫王强、银永忠都在履职。大过年的，我给他们带了一点儿旺旺雪饼，想以此表达对值班人员的尊重和敬意。

寒假伊始，夏校长便给我推荐了一本教育方面的书——《学生第二》，并要我认真看完，还要写读后感。老实说，我好几年没有完整地看完一本书了，特别是从事总务工作6年多来，教育教学方面的文章都很少看了。看这本教育类书籍对我来说有必要吗？对总务工作有帮助吗？这本书里真有黄金屋吗？在我的疑虑中，夏校长郑重地在书的扉页签上自己的名字，然后把这本书递给了我，并叮嘱我"看完后一定要记得还"。在接过书的一刹那我突然感受到了一丝分量和几许期望。

为了不至于白费时间，我先了解了作者——李希贵，他曾任北京市十一学校联盟总校校长、高密四中校长、高密市教委主任、潍坊市教育局局长等职，还有很多职务及荣誉，我记不完，但从书中清晰地认识到他是一个从一线教育教学做起，在教育管理中一步一个脚印、努力学习、大胆改革、勇于开拓的人。他最终成长为教育专家、优秀的教育管理者。所以，本书收录的事例应该是真实可信的，其中的感悟、思索是有实践基础的并且也是有深度的。

基于对作者的以上认识，我开始了阅读，随着阅读的深入，我对作者的认同感也在不断加强，也有了自己的一些感悟或思考。

夏校长主持协和实验小学工作不过月余，我们能感受到，在此期间，她最关注、最急迫的是学校文化建设。先是组织庞大的团队到双华小学参观校园文化建设，再是请专业团队和学校教师展开校园文化研讨，然后是发放家长问卷……文化建设是久久为功，夏校为何这么急呢？我从书中找到了答案。在书中，李希贵老师开篇就提出"学校文化是可以创造的""学校文化的核心是学校共同的价值观念、价值判断和价值取向"。此时我似乎明白了：一所学校的发展需要全校师生、家长甚至社会各界的全力支持、团结一心，而一所学校的文化则是向所有人指明"心往何处想，劲往何处使"的那面旗帜，它能把所有老师、学生及家长的思想认识、行动统一起来，从而推动学校各方面工作顺利开展。回顾我校成立以来，学生从最初的500余人到现在的2400余人，教师从不足30人到现在的130余人，人员的急剧增加，规模的迅速扩大，各种各样的新问题层出不穷，不只是增加了学校管理的工作量，更是对学校管理的"质"提出更高层次的要求。靠什么来管理？靠什么来高效管理？仅仅靠学校几个部门、几个行政人员？那是远远不够的，必须靠学校制度，靠制度衍生下的学校文化。通过"经营学校文化"这一过程来实现对人的管理，把学校文化"股份制"，让学校文化"上市"，以此扩大学校文化影响的广度和深度。想到此，我们就不难明白新校长为什么那么急着"创造"学校文化了，那是急着凝聚人心、急着加强学校管理、急着让这所年轻的学校早日步上正轨！

再来谈谈"学生第二"，这也是本书的名字。我很赞同作者的观点，"当学校把教师放在第一位的时候，教师也会把学生放在第一位"，其内在逻辑就是学校管理者直接面对的只能是教师而非学生，管理者不可能跳过教师去管理学生，把学生放在自己工作的首位，只有给予教师足够的重视、信任和尊重，教师对工作热情和专注，才能够将学生放在中心地位、主体地位，放在教师的心中！其实这是一个很简单的道理，你想让羊倌把你的羊照看好、养肥点，最好的做法就是尊重、信任、善待羊倌，让他们每天高高兴兴、放心大胆地去放羊，而不是把羊成天捧在手里（尽管此比喻有点不妥）。我想，可能正是由于作者秉持了"教师第一"的理念，所以文中很多随笔都在提醒学校的管理者给教师多念念"松箍咒"，多指引出路和方向。"让每一个人都感到自己重要""把规章制度降低到最低限度""给教育一些闲暇""张扬教学个性""避免'成功式的失败'""做希望经销商"……至此我才明白，此书九辑近50篇随笔看起来东西南北都在谈，感觉很随意，实际上皆以"教师第一"为出发点，是全书的要旨之所在，故以"学生第二"作为书名。

最后，谈谈此书对我们后勤管理的启发，相信这是夏校长推荐此书给我的主要目的。书中好几篇随笔都提到了与后勤相关的工作原则、方法和"妙计"。例如,《无中生有》一文告诉我们通过整合资源,通过科学合理的安排,就可以"无中生有"——生出运动场、生出新的课程、生出学习的时间等,只要我们在后勤工作中多动脑筋、科学安排,"巧"一点,也是可以煮出无米之炊的;《从总务处的定位说开去》一文给我们指明了"管理好物资的衡量标准,应该是急教学之需,是物资最大限度地为学生所用","教学之需、学生所用"应该是我们后勤服务的首要目标。《让资源流向哪里》一文其实也讲了这个原则:学校投放资源的着眼点,就是看资源与学生的联系。"如果有一架天平,天平的一头肯定是学生的需要,当我们根据学生的需要投放资源的时候,资源才有可能发挥应有的效益"。《差一点儿与多一点儿》讲述了两个故事:一个是单位安排春节前送的礼物在节后送到,让收礼人不舒服、把好事变成了坏事;另一个是英国一家设计事务所在一座洋楼80年的使用期满后,及时送达了超期服役的提醒信。一正一反两个故事,告诉我们的是"卓越,并不需要多做很多;失败,也不过做得只差一点罢了"。回想起我们的后勤服务工作,很多时候我们做事情总是"差一点点儿",可是,正是差了那么一点儿,我们却失去了很多。在这篇随笔的标题下夏校长专门记了笔记"这一篇文章可推荐给总务处——因小会失大",她这是在以一个女性的细腻提醒我们后勤无小事,唯事事勤、时时准,才能保障学校各方面工作顺利开展,不至出现大问题。

以上是我看了《学生第二》这本书的几点零星思考,书中还有许多"拿来"即可用的管理方法,还有许多从教育基层到管理层面得出的真知灼见,可供我们体会揣摩,如有闲暇再品味。

(汪抗战　撰稿)

第51天　2020年01月30日　星期四

读书破万卷，办学如有神

读《学生第二》这本书，我需要静下心来去读，去思考。因为疫情赋闲在家，恰好给了我静心阅读的时间。

本书共有九辑四十九篇，是李希贵校长的教育管理随笔，收录的大都是近年来发表在各种教育报刊上的文章。李希贵校长在书中序写道，出版此书试图以此与朋友们分享一些思考问题与处理事情的思维方式。

此书是李希贵校长的管理随笔集，我认为，此书内容形散而神不散，具有"灵魂"。我想从李希贵这位教育家的书里，找到他办学的追求，以及办学策略背后的思想和逻辑。进而对比自己，我做到了哪些，哪些还在路上。

第三辑第五篇随笔，李希贵校长在《新课程背景下的学校管理随想》中谈到了他的办学追求：就是把学校办成孩子们向往的乐园。这句话看似简单，实则背后有着李校长办学的价值追求，即"面向全体学生，促进每一位学生的身心健康发展，满足每一位学生终身发展的需要"。

然而，具体到一个校园里，有什么办法，可以使学校真正做到面向每一位学生？李校长想到了：造就一个选择的校园。

第一，让学生自主选层，走班上课。改革教学组织形式，打破大一统的班级授课制。李希贵校长认为，在一些学科中实施以走班制为主要形式的分层次教学，让学生自主地选择不同的层次、不同的班级走班上课，这可能是使我们的教学有可能面向每位学生的有效途径。我们的教育已经开始强调尊重学生不同的生活经验，允许不同的学生有不同的成长方式。可是在传统的教学管理体制中，不一样的学生，在同一个班级里，学一样的内容，做一样的练习，考一样的试题，我们怎么面向每一位学生？只有最大限度地尊重个体，才有可能真正面向全体，这已经很难在传统的教学组织形式下得以落实。

第二，在学生的选择面前，配套一系列管理机制的变革。取消班主任，学生有了自己的导师和辅导员；取消总务处、校长办公室、德育处和体卫艺处、教务处，成立专门研究学校中心工作的课程部；设立一个资源部，建设一个没有仓库的学校，让校园里每个人都成为"红管家"，让总务处成为教育资源开发商，把学校能够利用的资源全部为教学、为学生服务；建立一个民主的课堂，改变"举手"和"起立"才能发言的规矩；把评价老师的权利还给学生；用运作产业的方式运作教育，让市场的意识和服务的理念进校园，让家长和社区参与成为教育改革中一个崭新的课题。

在第九辑第三篇《共同走过》随笔中，李希贵校长谈到了产生这些随想并启动实验时，他已是高密一中的校长。大概是1998—2006年吧！当时，中国教育正处于新一轮课程改革的大背景下，也就是新中国的第八次课程改革。在世纪之交，人们开始总结和反思我国基础教育改革的成就和挑战。为培养适应新世纪发展需要的创新性人才，必须进行深入的教育变革，其中包括课程改革。现实的基础教育课程在课程理念、课程体系、课程内容、课程评价、课程目标上面还存在诸多问题，特别是关于人的主体地位以及创造精神和创新能力方面，已有的课程不能满足学习者的需要，不能适应国家对人才的需求。于是继世纪之交全球范围内的课程改革的兴起，我国开始了新一轮基础教育课程改革。这次课程改革影响之大、历时之长、意义之重，是以往所没有的。新课程改革不是对课程内容的简单调整，不是新旧教材的替换，而是一次旨在以课程为核心的波及整个教育领域的系统改革，是一场课程文化的革新，是教育观念与价值的转变，涉及课程的理念、目标、结构、管理、方法与评价等方面。《简明国际教育百科全书·课程卷》指出，课程改革是形容具体变革的一个概念，是一种综合性很强、程度很深的课程变革，涉及学校体制变化和课程的全面修正。

那么，课程改革应该"变革"哪些方面呢？肯尼迪坚持认为，"课程改革是在社会、经济和政治环境限制之下，关于教什么和组织的变革"，这是变革最为重要的两个方面。所以，李希贵校长才有"课程改革改到深处是制度"的金玉良言。看《学生第二》这本书，也一定要关注李希贵校长的制度改革、制度创新。

当然，李希贵校长《新课程背景下的学校管理随想》呈现出最精彩的绽放，是在他来到北京市十一学校之后。2012年，我参加了"双流区名校长毛凤鸣工作室"学习，随导师到北京市十一学校跟岗学习。访学期间，我真实地感受到了李希贵校长在《学生第二》这本书中的教育理念与全部追求。他的另外一本书《学生第一》写的就是北京市十一学校课程变革的样态：建设学生喜欢的课程，塑造学生热爱的校园，学生全体实行走班，使得学校富于个性、充满了活力。

所以，这两本书是有联系的。《学生第二》写在前，是李希贵校长在山东工作时的思考和尝试。《学生第一》写在后，是他到了北京工作的成熟行动与积淀。幸运的我把这两本书串起来读，很容易领略到这位当代教育家所思考的、所行动的历程。也深刻地体会到，我们的课程变革是一个系统工程，它是有文化的、有制度的、有人性的、有温度的、有美感的。我们的课程建设既要做到"学生第一"，同时也要做到"教师第一"。伴随着阅读的深入，我越来越崇拜李希贵校长，也越来越喜欢读他的文章。他的文章源源不断地给我智慧，给我灵感，也给我鼓励。

一个拼命赶路的人，不需要鲜花，但需要鼓励。

第52天 2020年01月31日 星期五

看特别应景的电影——《传染病》

我待在家里,看了一部电影《传染病》,是当医生的妹妹强力推荐的。

《传染病》是由华纳兄弟影片公司出品,由史蒂文·索德伯格执导,影片于2011年9月9日在美国上映。影片灵感来源于SARS,讲述一种蝙蝠传播到猪,再感染到人之后发作的病毒。它们会在极短的时间内,蔓延全球,摧毁几千万人类的生命健康,造成大规模的人员死亡。而为了控制疫情,避免更多的人员伤亡,全球医护工作者牺牲无数,上演了一个前赴后继的故事。

在近10年以后的今天,我们每一个中国人正众志成城抗击新型冠状病毒肺炎疫情,我今天观看电影《传染病》,如同观看一部现实版的纪实片,让我感到格外的惊悚。

这部电影带给我的,不仅是对病毒防控严重性的认识,还有影片中各种人物粉墨登场——裘德洛扮演的自由记者阿伦开始在标榜自己"独立报道"的基础上,却四处肢解信息,片面报道,利用信息不对称来疑惑听众,扰乱局势。他打着独立报道的名号,通过一些不正规又带有强烈煽动性的信息,给整个病毒防治过程形成了很大的外部舆论阻力,造成了舆情危机,让每一个处于信息流中的个体都深陷其中。

我们一大家子同看这部电影时,妹妹在家庭微信群给亲人们总结了11条警戒,分享至此。

（1）看似健康的人，也有可能是带菌者，因为每个人的免疫力不一样。

（2）以后坐公共交通，应该在包里随时备一个口罩，特别是冬春季节。

（3）如果外面传播说有传染病时，宁可信其有，提前做好自我防控，但不能传播谣言。

（4）面对这种事情一定要冷静分析，要相信政府，但也要有自己的主见。

（5）酒吧、KTV等夜生活丰富的地方，因为人为或光线等原因，无法判断环境是否清洁，所以最好不去。

（6）无论是不是流行病期间，有人咳嗽、打喷嚏，一定远离，保护自己。

（7）任何良药，都不如有一副好身板，拥有良好免疫力，才是最管用的良方。

（8）人类每一次的进步，总是有人做出牺牲的，科学真理永远来自实践。

（9）动手能力、应变能力和坐怀不乱的能力比纸上谈兵重要得多。

（10）大灾大难面前，能依靠的是自己，拥有仁爱的同时一定保护好自己。

（11）电影最后一个片段，厨师拿了生猪肉，没有洗手，又用脏手和一个美女握手，故病毒传播链条是如此开始的，所以，强调勤洗手的重要性。

这个分析透彻，总结得有道理。我决定把这部电影作为课程推荐给学校的孩子、家长们。

第53天　2020年02月01日　星期六

从上到下，贯彻落实

正月初八。参加双流区教育局召开的疫情防控工作会。

双流区教育局普教科科长廖冬梅女士主持会议。她是课程建设方面的行家，我一直很欣赏她。在交流中，廖科长引用陶行知"生活即教育"的理念，要求所有怡心街办的校（园）长在非常时期，抓住对学生进行健康、做人、学习习惯的培养，针对这次疫情，做出有针对性、时效性的特色课程。

接着，廖科长给大家解读了下发给我们的文件和资料：《双流学生居家修养习惯养成行动指南》《致成都市双流区全体高三师生家长的一封信》《双流区教育系统新型冠状病毒感染的肺炎疫情防控十条措施》等。可以看出，双流区教育局领导在疫情面前的担当，这更需要我们一线校长，认真贯彻落实，切实维护师生生命健康安全。

最后，廖科长传达了1月31日双流区教育局局党组会议要求。

1.加强师生居家防疫和排查登记。

（1）2月1日，全区所有中小学、幼儿园、校长、行政班子在岗上班，安排落实学校重点人群（教师、学生）的摸排、防控工作。

（2）2月1—2日，各分管局领导召开包片镇街校（园）长工作会，传达上级部署要求及教育系统防控工作十项措施。

（3）2月3—17日，各学校要求教师原则上不外出，确保开学前教师居家防疫观察14天。

（4）2月3日起，各学校组织班主任及科任教师开展线上家访，每天对学生居家防疫观察情况进行督促，确保开学前学生居家防疫观察14天，力争实现人员全覆盖。

2.指导学生居家学习和自主管理。

（1）各学校要按照《双流学生居家修养习惯养成行动指南》，关爱学生居家学习和生活，在普教科指导下制定本校线上教育方案，结合实际并充分创造有利条件，积极开展"健康知识、习惯养成、学业指导、社会情怀"四类教育活动，让双流学子感受到非常时期的非常教育。相关信息及时报送区教育局宣传外事科，力争形成典型案例，宣传弘扬双流教育正能量，充分展现双流教育人的别样风采。

（2）各学校要积极寻找适当的工作切入点，创造性地开展教师特别暖心行动。对与湖北、武汉接触人员做好关心关爱，确保居家防疫观察14日。

（3）各高中学校认真落实高三师生、家长《告知书》要求，扎实开展"教育+互联网"式学习，确保学生离校不离教、停课不停学，并不断优化教学方式，提高教学有效性，促进学生养成自学自律的良好习惯。

3.禁止提前开学，并做好各项准备工作。

（1）2月2—17日，充分发挥镇街、社区作用，加大民办学校、培训机构督查力度，严禁老师提前返校开展各类现场聚集性课堂活动，不得让学生提前开学上课、集训等。区教育局领导、科室从2月3日起，每天不定时巡查，对违规学校和机构依法依规严厉打击。

（2）2月14—16日，各学校集中开展爱国卫生运动，确保学校工作运行有序、环境温馨，符合安全、卫生要求。

（3）各学校要采取多种途径，积极筹备口罩、体温枪、消毒液等防疫物资，为开学做好充分准备。

听了廖科长的讲话，我感觉到肩上的责任与担当，决定明天召开协和实验小学应对新型冠状病毒感染肺炎疫情防控第二次安全工作会，认真部署开学前的疫情防疫工作，用心为孩子们开发线上学习课程，让所有行政人员和老师迅速进入上班状态，人在家里，心要和孩子们在一起，做好线上线下所有教育教学的开学准备。

守住学校平安，就是为国家做贡献，这是非常时期每一个教师的责任。

第54天　2020年02月02日　星期日

疫情面前，校长要有所为

离疫情暴发前预定的开学时间2月17日还有15天的时间。做好开学前教职员工的流向登记，以及开学前的疫情防控预案、物资、线上备课工作显得尤为重要。毕竟这个病毒的潜伏期为14天，如果我们提前做好师生在家自主隔离14天，也许会顺利开学。

为了前瞻性地把这个工作落实下去，昨天，我叫党政办通知行政人员今天9点做好防护措施到学校，参加协和实验小学应对新型冠状病毒感染肺炎疫情防控第二次安全工作。为了确保会议前瞻、严谨、高效，早上5点，我把昨天到怡心街道开会下发的五个文件材料又仔细阅读了一遍，拟定了今天会议的内容：学习文件内容，制订新型肺炎防控年级及后勤蹲点行政安排表、教职工动向情况登记表、参与学校防控工作的教职工情况登记表，2月2日后从湖北、武汉等疫情高发地滞留以及返回与疫情有接触史的教职工和学生摸排情况登记表，依据双流教育局党组开会精神形成协和实验小学开学工作行事历，到"停课不停学"线上课程开发工作等，我都做了前瞻性的思考，并且确定了每项工作的牵头负责人，力争疫情防控面前发挥党员干部的先锋模范带头作用，做到人人有事做，事事有人做，时时有人做。

写完这份会议内容，已是早上8点。踏着坚定而从容的步伐，带着必定战胜疫情的力量，戴着口罩开会去。

到了学校，行政人员都已戴着口罩按一米间距坐下等候开会，很准时，没一个迟到。会议前，我们先一一询问参会行政人员1月8日以来的流向，然后部署工作。中午每人一包方便面，然后教务处、德育处、安全科、宣外科、总务处分头落实会议要求形成的表册、工作预案，采用网上问卷摸排教职员工和学生的流向情况。从早上9点到下午5点，看着行政人员们做出的开学行事历、开学防疫工作安全预案，图文并茂的宣传报道……

我感动于协和实验小学行政团队的执行力，正是他们每个人的才华和奉献担当凝聚起了"协和精神"：剑锋出鞘，肝胆相照；协同努力，和美与共。有了这种精神，什么样的困难我们都无所惧。

第55天 2020年02月03日 星期一

给孩子们写封信

虽然处于寒假期间,但在疫情面前,我却十分挂念我的孩子们。今天带班在学校,正好有时间和机会给学校的孩子、家长写封信。因为,最好的教育是老师和学生在一起。

在一起,就是"心"在一起。因为疫情师生不能聚,写信便是最好的方式。写些什么呢?对,有真心的担忧和思念,担忧他们在寒假期间防护不到位,感染病毒,所以尽管网上有许多安全防护提示,我还是要在信中给孩子们进行安全的提示:少出门,戴口罩,勤洗手、生活有规律、多运动。对,还有思念。虽然我才到协和实验小学一个多月,但每天走进校园,孩子们高兴地走到我面前,激动地与我问好的每个时刻,我都感受到我工作的价值和幸福。孩子的爱如雪花一样纯洁,我视如珍宝,赤诚相待。我在信中要表达我的思念。

还有,我能为孩子们做些什么呢?对,与老师们一起,为孩子们开发丰富多彩的线上课程,停课不停学,这是我们送给孩子们最好的爱。

于是,我和教导处黄军主任一起合作,给孩子、家长们写了一封信:《怡心教育,从"心"开始,众志成城,抗击疫情:老师和你们在一起,校长妈妈的心和你们在一起》。

协和实验小学校长致全体学生、家长的一封信

亲爱的孩子们、家长朋友们：

你们好！

首先祝大家新年快乐！在寒假期间，面对新型冠状病毒感染肺炎疫情，协和实验小学校长和老师们都时刻惦记着大家，希望大家都安好！为了大家能平安顺利地迎接开学生活，校长倡议我们协和实小的孩子们和家长们做到以下几点：

1. 尽量不外出。从2月2日起，不要去人多的地方，不参加任何聚会。

2. 做好自我保护工作。戴口罩会有些不舒服，但外出一定要戴上它。

3. 作息饮食有规律。饭前便后认真洗手，一家人在家一起做做体育运动。

4. 养成良好卫生习惯。从现在起，养成打喷嚏或咳嗽时用纸巾或袖肘遮住嘴巴、鼻子的好习惯。

5. 生病及时就医。如果有发热、乏力、干咳等情况，一定要及时上报和就医。

6. 做好流向和身体状况汇报。每天班主任都会电话统计学生流向及身体状况统计，请积极配合。

孩子们、家长们，在疫情面前，一定要保持一颗安定的心。有那么多的科学家、医生正在和病毒战斗，我们一定能够彻底打败它。现在，一家人一起在家享受美好的亲子时光吧，等冬天过去，春暖花开的时候，我们就又可以在大自然的怀抱中快乐嬉戏。

为阻断疫情向校园蔓延，确保师生生命安全和身体健康，教育部和省教育厅日前下发通知，要求2020年春季学期不得早于2月17日开学，学生在家不外出、不聚会、不举办和参加集中性活动。各地教育部门也为服务保障防控疫情期间中小学校"停课不停教、不停学"做了大量工作。

考虑到孩子们家庭实际情况，我校安排老师通过榴莲平台向全体学生投放四类课程资源，供孩子们在2月2日之后线上学习，解决"停课不停教、不停学"问题。具体的课程内容、要求以及投放时间如下表：

课程名称	课程内容	投放人	投放时间
健康知识课程	1.在爱奇艺网站上观看《传染病》这部电影，你能了解关于传染病的相关知识 2.绘本阅读："妈妈，为什么今年春节我不能出去玩？"你能了解更多的健康、卫生知识 3.从现在起，做一份寒假作息时间表，你会成为一个生活有规律的孩子	袁乙洁、高宇老师	2月3日
习惯养成课程	1.在病毒面前怎样防护 2.怎样洗手 3.怎样正确戴口罩 4.动手做口罩 5.怎样延长戴口罩的时间 相信做到以上几点，你就是一个有良好卫生习惯的协和实小娃	许阳老师	2月3日
社会情怀课程	1.在疫情面前，我看到了生活中哪些感人故事 2.在疫情面前，我通过电视了解到什么 3.在疫情面前，作为一个中国孩子我的担当是什么 4.在疫情面前，我和爸爸妈妈一起做 5.要开学了，我应该做好哪些准备 疫情面前，我们如何做一个有担当的协和实小娃呢？相信你在完成本版块课程后会有所了解	徐蕖老师	2月10日
学业指导课程	（一）国家基础课程学习指导 根据课程内容和教学进度，各科老师精心安排教学内容并投放答疑	各学科老师	2月17日
	（二）拓展课程学习指导 1.艺术自修课程（2月17日投放） 所有艺体卫及校外机构的老师在线上开设课后服务、特色课程、微课或视频 2.动手实践课程 ①给家人做饭；②打扫卫生；③学做一个拿手好菜，等力所能及的家务劳动	胡涛老师	2月3日

课程名称	课程内容	投放人	投放时间
	（三）研究型课程学习指导 针对以下你感兴趣的问题或其他相关问题，进行小课题研究，并以手抄报、绘画、小论文、谱曲、谱词等方式呈现。开学后，我们要评选出优秀作品进行表彰哦 1.什么是病毒 2.病毒与细菌的区别 3.为什么不能吃野生动物 4.非典是什么？非典与冠状新型病毒引起的肺炎有什么区别 5.什么是冠状新型病毒？我们怎样防疫	胡涛老师	2月3日

以上课程，请各位家长密切关注榴莲校园平台端投放的课程内容，为孩子准备好手机、平板等设备、联好网，督促孩子积极参加课程的学习，并参与或指导孩子高质量地完成课程任务。

孩子们、家长们，面对疫情，安全第一！疫情不可怕，老师和你们在一起，校长妈妈和你们在一起，让我们众志成城，打好健康保卫战。

具体开学时间以上级教育主管部门通知为准，敬请关注。

最后，祝所有孩子和家长有个健康祥和的鼠年，大爱中国，让我们共同祝福我们的国家安泰、人民安康。

校长：夏雪梅

2020年2月2日

第56天　2020年02月04日　星期二

办让老师有幸福感的学校
——读《建设一所新学校》感悟一

今天，刘勇副校长值班，我不用去学校，就蜗居在家，又是读书好时机。于是，想静心读赵桂霞校长的《建设一所新学校》。

赵桂霞校长是山东省潍坊广文中学校长，也是教育家李希贵校长的徒弟。看了李希贵校长的《学校转型》《学生第一》《学生第二》《36天，我的美国教育之旅》《学校转型——北京十一学校创新育人模式的探索》《面向个体的教育》《为了自由呼吸的教育》等若干专著，再读赵桂霞校长的《建设一所新学校》一书，我发现他们在办学理念、路径、策略上有相同的地方：那就是在管理上教师第一，在育人上学生第一。但因为不同的人，经历也不同，办学的路径与策略以及与大家分享教育故事的文风也不同。就如李希贵校长在此书的"序"中评价赵桂霞校长：她善于从细节中捕捉教育真谛，发现问题，寻找教育发展的差距，是一个对教育很有感觉的人；为了推动潍坊市课程改革的运行，她在大量调查研究的基础上，协助相关领导试图建立潍坊市课程改革的运行机制，从改造学校内设部门、加强课程管理、推进课堂改革等几个方面，寻求潍坊市课改机制的突破口，她是一个很有研究能力的人。我想，这两点，恰好是当代好校长应有的必备素养吧。

该书由五个部分构成，记录的是赵桂霞在广文中学任校长期间一路走来的点滴。五个部分由若干篇文章构成，而每一部分都展现了基于该书主题的行动研究过程、成果以及赵校长在研究过程中的所感所悟，这五个部分貌似是零散的案例故事，实则有着内在的逻辑关系。

我在想，这个逻辑究竟包含了什么内容，这些内容之间又存在着什么关系？这些关系对我这样一名履新校长而言，在"办自己理想学校"的过程中，又有什么样的启示和实操帮助呢？我决定，在比较中阅读，思考我离赵桂霞这样的名校校长还有多远，她身上的哪些优秀品质和行为是我学习的榜样。在阅读中反思，思考如何构建履新学校的办学思路，我想这就是我读此书的最大收获和意义。带着明确的目标和好奇的心理，我走进了这本书，计划今天认真读完该书的第一、二辑，并写下读书笔记。

第一辑主题是构建理想。赵校长履新广文中学时，就有一个理想：把学校建成一所能给学生带来快乐的学校。快乐只能用快乐来影响，幸福只能用幸福来创造，怎样的理想学校才能使学生快乐、教师幸福呢？赵校长通过行动研究，归纳了理想学校的八个特征：（1）构建适合学生、可供选择的多元课程；（2）建设师生互动、高效愉悦的自主课堂；（3）提供自主发展、个性张扬的成长空间；（4）培养素质全面、幸福愉悦的教师队伍；（5）打造高瞻远瞩、理念先进的干部队伍；（6）营造积极向上、民主科学的文化氛围；（7）建设优美整洁、环境幽雅的和谐校园；（8）创造设施完备、资源充足的教学条件。对比我曾在双华小学的办学历程，这几个方面的工作我做到了，但过程没有赵校长那么有阶段性、有深度。特别是第一辑中的《一个学年，解决一个主题问题》的随笔给我的印象最为深刻。这篇随笔让我知道了履新的校长一定要做好学校近几年的发展规划，这个规划如何阶梯式推进，如何做细做深，赵校长是这样做的：找到每个学年中对学校发展起决定作用的要素，将其立为学年主题。一个学年，解决一个主题问题，以这个主题问题的解决带动全局工作。这种"主题发展，整体推进"的工作策略深深打动了我。在事物自身包含的多种矛盾中，每种矛盾所处的地位、对事物发展所起的作用是不同的，总有主次之分。其中必有一种矛盾处于支配地位，其对事物的发展起决定作用，这种矛盾就叫做主要矛盾。正是由于矛盾有主次之分，我们在想问题、办事情的方法上也应有重点与非重点之分，要善于抓重点集中力量解决主要矛盾。赵校长五年发展规划就按"教师发展年""高效课堂年""精品课程年""学生成长年""精细管理年"五个主题推进，非常科学有序，看了这本书，我想协和实验小学五年发展规划的制定就有了策略借鉴模板。

第二辑主题是追寻幸福。幸福感是生命的一种基本需要。教育作为培养人的一种特殊活动，其主体——教师，只有通过发挥自身的能力才能改变学生、发展学生，才能收获真正令人满意的幸福。而改变学生的前提是教师自己的成长、发展，要不断提高改变学生的能力。我们不禁要追问，教师的幸福之源在哪里，于是，"建设幸福教师团队"也就成了赵桂霞校长带着老师们一起研究的首个项目。他们采用行动研究的方式，进行了各种调研。通过汇总调研结果，他们发现，教师工作中的幸福感有着相同的源泉。5年以下教龄的教师，幸福感来自老教师的帮助、学生的认可、班级管理越来越成熟；而10年左右教龄的教师，往往因为公开课获奖、教学成绩突出、得到学生的喜爱而备感愉悦；20年以上教龄的教师，只要教学成绩好、工作责任心得到认可、所指导的年轻教师成长快就满足了。尽管各自具体缘由不同，但相同的是，他们都是因为个人追求得到了实现而产生了幸福感。对于刚刚入职的年轻教师来说，课堂教学、班级管理、师生关系是一个很大的挑战；教学娴熟、管理经验丰富的教师则更加关注教学的高质量和学校对自己业务水平的认可。一旦在自己最为关注的问题上实现了突破，有了成就感，幸福感便油然而生。

读到这儿，我从心底里感谢赵校长对5年、10年、20年教龄老师的幸福感来源的分析和分享。我每次在做教师专业发展课程阶梯化的时候，常常为教师的梯级划分而煞费苦心，也为自己划分的严谨性不够而愧疚。看了赵校长的分析，我找到了分析的依据和参考。这三个教龄段的老师，难道不是一一对应小学的新教师、熟练教师和老教师吗？他们的幸福来源正好是我们开发教师专业课程的方向和内容。

为了更深入地追问"教师成就感"的具体来源，赵校长的教研团队进行了第二次调研。在校内随机抽取了百名教师，请老师们写出"自己有成就感的几次经历，从印象最深的写起，不少于五条"。同时，请他们写出"学校中的哪些人士算是成功人士，并说明理由"。结果，"取得较好的教学成绩"和"学生喜爱的老师"两个选项以绝对优势分别排在了第一位和第二位。此外，专业发展、获得荣誉称号、受到奖励、学生信任、家长认可等因素，都被老师们列入了产生成就感的重要因素。

最后，赵桂霞校长总结出了影响教师幸福指数的八个因素，从重要程度依次排列包括教学质量、教师素质、广泛认可、自主时间、办公条件、身心健康、经济待遇、对"问题学生"的管理。

读到这儿，我在谋划，面对学校130个教师，55个在编，75个临聘，平均年龄30岁左右的教师团队，他们又需要学校提供怎样的帮助和支持，才能幸福快乐地生活呢？我想，等疫情过后，学校需要做一次这样的调查研究，办让教师有幸福感的学校。

第57天 2020年02月05日 星期三

谋定而后动

作为学校重要的职能部门，无论学校是否延期开学，德育处都要做好开学的准备工作。

关于疫情防控值班，我和刘勇副校长分了工：一个上午，另一个就下午。本就是疫情暴发期，避免人多交叉感染。

上午继续看《建设一所新学校》，下午邀请德育处胡涛主任到校与我一起研究德育工作。

我们戴着口罩隔一米远的距离交流。我一一询问了目前学校在少先队工作、教育资助、家委会工作、朝会巡视、班主任辅导员培训、各种大型活动开展等方面的情况。胡主任一直从事德育工作，对德育常规工作非常熟悉，如数家珍。

讨论到关于当前德育工作存在的困难，胡主任很坦诚，她觉得班主任在德育工作方面热情不高，年轻人多，经验不足。德育处管理人员不够，希望增加人员。胡主任提出的这个问题在每个学校应该都存在，谈话中她表现出了焦虑，我想，这正是我在今后的教师队伍培训工作中要抓的重点。

我们掰着指头算了一下，如果疫情结束，17号就要开学，今天2月5日，就只有12天的时间。德育处承担着拉开新学期工作序幕的重任，况且今年情况特殊，我们面对疫情要开设怎样的环境课程、活动课程、学科课程，才能帮助孩子们度过疫情焦虑期，让他们感受到老师和他们在一起，感受到学校的安全和爱呢？

我想，我们的德育课程一定要离孩子最近，用心去做，提前准备好，才会做出有序、做出成效。整整一下午，我和胡主任梳理了学校下学期德育常规工作和德育重点项目工作，以绩效考核方案中的德育考核标准梳理了德育管理制度，根据工作的性质和需求提名了一些德育内设后备干部，并形成了德育工作指南的目录。

下午4个小时的交流后，胡主任紧锁的眉毛舒展开来，我看出她的新学期开学焦虑缓解了许多，这是从倡导到指导的力量。

下午6点钟离开学校，接到通知，明天10点所有行政干部到校，参加双流区教育局新冠病毒肺炎防控领导小组召开的视频会议。

第58天　2020年02月06日　星期四

一手抓疫情防控，一手抓教育教学

由于区教育局新冠病毒肺炎防控领导小组的视频会上午10点才开始，因此我在思考，既然所有行政干部都要到校，我恰好可利用这个契机就开学工作进行沟通和部署。昨天与德育处胡涛主任的提前交流，我觉得召开这样的一个开学前瞻性的部署会，是非常必要的。

我想，不管开学延期不延期，我们行政干部都要两手抓：一手抓疫情防控，一手抓教育教学。如果2月17日按时开学，学校疫情防控工作是艰巨的。每天教室、办公室、功能室、厕所、食堂等的消毒工作，每天学生进校的体温测量，以及学生分段分散就餐等。这些工作和工作有关的物资准备、人员安排、督导登记都要花费很多的物力、财力、人力。我们需要重新梳理疫情防控体系，从校长到中层，再到年级组长，最后到每一个班主任，都处于居家防御的工作状态。如果不做好疫情防控预案，防疫工作会乱成一锅粥，甚至酿成大错。如果按时开学，老师是否能按时到岗，是否有居家隔离，老师的备课是否准备充分，教务处、安全处、总务处新学期的组织机构、职责分工、各种计划是否已经做到心中有数。

忙而不乱，是我管理学校的追求。所以，一想到这些问题，我决定提前拟定开学工作部署会的内容稿，并在视频会议后召开学校开学工作部署会，让每个行政人员，包括年级组长，做好自我防护的基础上，戴着口罩行动起来。

第59天 2020年02月07日 星期五

课程的背后是学生
——读《建设一所新学校》感悟二

继续读赵桂霞校长的《建设一所新学校》。前天读了第一、二辑，今天想认真品味第三辑：发现课程。

课程是学校的核心竞争力。为什么赵桂霞校长要说"发现"课程，而不说"构建"课程，读完此辑，我明白了这种说法的背后体现着赵校长的课程理念：学生的课程让学生自己唱"主角"。广文中学的所有课程，都是基于学生的问题和需求构建的，在构建之前，他们有问题的发现、扎实的调研，最后才是课程的构建。

在国家课程校本化实施过程中，基于学生出现的学习偏差的问题，广文中学进行统计分析，找到问题背后的原因，搭建"学前引桥""难点引桥""发展引桥"课程，攻克男生英语学习难关，破解了学生学习化学物理知识点的障碍，激发了学生持续学习的兴趣。从教材的整合，到语文主题学习，到"减轻训练负担"到"减轻学生负担"的习题改革，再到地理学科的"小模块整体教学法"，我看到了国家课程校本化后迸发的生机和活力，老师教得轻松，学生学得快乐，在这背后，就是以学生为本的指导思想。我由衷地赞叹赵校长和学校老师的智慧和用心，他们真正地把学生当"主人"看。

把活动课程化，也是广文中学拓展课程的第二个亮点。所谓"活动课程化"，就是将学生的各项活动纳入课程管理，使活动具有课程的意义和价值，并用学分加以保障。这是保障学生正常校园生活的关键所在，也能借此营造素质教育的空间。广文中学是怎样做的呢？他们梳理了一学年来学生参加的大小活动，反复研讨，围绕育人目标确立了十个活动类别，将之归入"活动课程"。他们明确了课程目标、课程内容、实施方式、课程评价等，以提升活动的价值，保障活动健康有序地开展。在活动课程实施过程中，广文中学设立了十个项目组，一个项目组负责一个活动课程的设计，全体学生参与问卷调研及访谈。与原来的活动设计相比，活动课程目标更加清晰，内容更加丰富、多元、可选择，极大地满足了学生的发展需求。十个类别的"活动课程"具体包括入校课程、班会课程、国旗下讲话课程、主题教育课程、综合实践课程、社团课程、"广文节日"课程、"阳光60"课程、演讲与口才课程、离校课程。为了保证每一个学生切实参与活动，还确立了"自主参与，实践体验"的实施要求。同时，采用"主题引领，模块推进"的方式，对于每个课程类别都设置几个模块内容，每周都开展几个模块活动，形成了形式各异、丰富多彩的活动课程体系。学生自主参与各种活动，3年内达到学校规定的学分方可毕业。学生的个性是多元的，发展的需求也必然是多元的。尊重学生的个体差异，发展学生的个性，成为活动课程的又一定位。于是，在将"活动课程化"的同时，广文中学也确立了"活动课程个性化"的理念。正是基于这样的思想，他们才有艺术节"两上两下"的调研，才有"学生能够自己做的，老师一定要往后退"的设计理念，才有"一见钟情"的入校课程，才有"永不离校"的离校课程，才有"社团节"的我型我秀，才能构建出以学生为主体的班会课程体系。

综合实践活动课程作为国家课程，很多学校只是摆摆姿态、作作秀，根本没有做实做透。但广文中学没有，他们做出了模板，做出了智慧，借力资源，为学生打开实践课的大门。这个资源是谁？就是校级家委会、年级家委会、各班级家委会。家长百分之百地报名参与了学校的事项,有三分之一家长报名参加了两个以上的事项。综合实践义工团、助教义工团、活动义工团、爱心互助义工团、安全监管义工团等五大类义工团随之建立。综合实践活动课程,成为家委会的一项重点工作。校级家委会统一部署,年级家委会制订计划,各班级家委会组织实施,会长为各层面第一责任人。每月一次的"社会考察、社区服务、社会实践、研究性学习"综合实践活动,由此进入常态。

  在综合实践活动中,研究性学习板块确实有难度,在当校长的九年里,我一直没能突破研究性学习。什么是研究性学习,就是学生可以依据自己的兴趣爱好,任意选择课题进行研究,结果他们选的课题五花八门,老师们叫苦不迭,直喊指导不了。而到了展示分享的时候,台上展示的学生"热火朝天",台下观摩的同学神情漠然,你登你的台,我做我的事,各不犯界。这样怎么能形成研究的氛围呢?研究性学习的目的是让学生通过实践,增强探究与创新的意识,学习科学研究的方法,发展综合运用知识的能力。那么,研究什么?可以根据学生的知识基础、成长需求、研究兴趣等几个方面综合确定。于是,广文中学再一次调研学生的需求,倾听教师的建议。最终,研究性学习以"专题—主题—小课题"的实施方式被确立下来。所谓"专题",就是基于学生的成长需求,分学段设立不同的研究领域。初一、初二、初三学段,分别研究"人与自然""人与自我""人与社会"三个领域。专题的设立,贴近不同年龄段学生的发展需求,让研究跟着需求走。所谓"主题",就是根据学生的知识发展水平,在不同的学期围绕专题设立不同的研究项目。初一上下学期分别确立"人与动物""人与植物"主题,初二上下学期分别研究"人与自我""人与同伴"主题,初三上下学期分别研究"人与和谐""人与职业"主题。所谓"小课题",就是学生基于个人的兴趣,围绕主题选定或确立适合自己的小课题。以"人与植物"为例，可以研究根系，可以研究叶子，可以研究病虫害，可以研究植物生长过程。兴趣相同的学生可以组成研究小组，研究小组分工合作，共同研究，共享研究成果。

多么伟大的创举！看到这儿，我真为广文中学的师生构建课程的能力叫绝。我很庆幸自己履新协和实验小学的第五十九天看到了这本书"发现课程"的内容，也看到了广文中学发现课程背后的大爱，那就是以学生为本！

第60天　2020年02月08日　星期六

元宵节的温暖

今天是元宵节，但因为疫情，本该车水马龙、张灯结彩、人声鼎沸的日子，四处却变得非常安静。按照中国人的习惯，即便是非常时期，节就是节，会想方设法给亲人、朋友发去祝福和问候。

早上起来，我第一个想发送祝福的是我们协和实验小学的老师们，因为天府新区华阳蜀郡、海伦春天、锦华园三个小区都有了确诊新型冠状病毒肺炎感染者，好多老师和学生都住在华阳，作为校长，有义务和责任提醒所有老师一定居家防御，减少外出。另恰逢元宵节，校长借此契机给老师们送去温馨的提示和节日的祝福，应该会缓解老师们对疫情的担忧与焦虑，同时我想把我的管理理念"校长在任何时候都与老师们在一起"传递给他们，让他们感受到离校不离心，在特别的节日里，依旧有温暖的力量。

于是，我在学校微信生活群里发出了第一条信息：亲爱的老师们，早上好。今天是元宵节，祝您及家人元宵节快乐。疫情面前，大家一定保护好自己和家人，一定不外出，勤洗手，出门一定戴口罩，大家一定要听党和政府的话，祝安康！因为早上大家要摸排学生流动情况，晚上给大家发元宵节红包。

消息一发出去，整个群里都有了回应，同事之间的相互祝福在手机里滴滴答答地传递。我想，学校的凝聚力建设让许多校长煞费苦心开发的许多工会活动，例如远足、拓展等，都没有达到理想的效果，也许大家没有注意到，特殊时期、特殊节点的一个问候，都会有着事半功倍的效果。但前提是，校长的心里是否真正装着老师。

我获悉今晚中央广播电视总台将上演一台不寻常的"元宵晚会"。为做好防疫战疫工作，整个元宵节节目现场，取消了现场观众设置。中央广播电视总台六位知名主持人白岩松、刚强、欧阳夏丹、贺红梅、水均益、海霞将共同演绎诗朗诵《你的样子》，歌颂每个站在在岗位上努力工作的人，他们的样子都会随着这场战役永远被记载，他们都是英雄。陈道明、濮存昕、吴京安、徐帆、宋春丽、史可等六名演员，将带来抗击肺炎情景报告《相信》，表达全国人民对抗击疫情的坚定信心。我想，这一台晚会对于老师来说是一个生动的人文情怀和爱国主义教师课程。我们平时给老师们谈责任担当、谈奉献大爱是多么的空洞。身处大灾，身处看不到硝烟的战场，身处国难当头的时刻，大家观看这场特别的晚会，相信一定会激发老师们内心的爱国情感。我想，对于开学在即的老师们安心在家备课，也许也是无声的教育和动力。

于是，我发出了第二条微信：中央广播电视总台元宵晚会直播将于正月十五晚20：06在CCTV-1综合频道、CCTV-3综艺频道播出，提醒学生和家长、老师们和家人一起观看元宵晚会，让我们一起为武汉加油，为我们的祖国加油。

这个课程有内容、有目标、有实施，效果很不错，晚会期间和结束后，都有许多老师在微信群发表自己的感言。例如二年级的程淑老师写道：相信团结的中华民族一定会打赢这次战役，未来的中国，坚不可摧。四年级余丽老师写道：我们的岁月静好背后总有人在负重前行，且行且珍惜。胡涛主任写道：大灾面前总有大爱，我们对工作又充满了力量……

老师们正能量的发声，就是教育的最高境界，一棵树摇动一棵树，一朵云推动一朵云。这个特别的元宵节，全国人民众志成城，为抗击新冠肺炎疫情贡献着自己的一分力量。通过屏幕，我和老师们一起感受到了这个元宵节的温暖和力量。

第61天 2020年02月09日 星期日

改造课堂
——读《建设一所新学校》感悟三

这几天除了在电话和微信上处理一些工作，我其余的时间都在读《建设一所新学校》。此书简直让我达到了痴迷的程度，赵桂霞校长在书中的每一辑当中抽丝剥茧的分析敲打着我的心，让我热血沸腾，边读边思考，我能感觉自己的脑细胞在活跃地流动，从文化到制度，从教师队伍的培养，到课程的构建，都让我在破和立中"痛苦"挣扎。今天，我将走向此书的第四辑：改造课堂。

什么是改造？就是修改或变更原事物，使之适合需要。我想，改造课堂就是要修改或变更原有课堂对学生发展不利的因素，使课堂适合学生发展的需要。

当今课堂有哪些对学生发展不利的要素呢？赵校长认为，课堂是学生的，只有学生喜欢，课堂上才可能有高效地学习。学生不喜欢的课堂，不可能让学生产生愉悦的心情。没有愉悦的心情，学生怎能积极投入其中，怎会有高质量的学习？学习的主体是学生，教师"教学成绩的高低"要通过学生来体现，因此，改造课堂前必须倾听学生的声音。学生喜欢什么样的课堂，赵校长带着这个问题面向本校学生开展调研，"你喜欢什么样的课堂？请把这样的课堂要素写下来，从最重要的开始，不少于十条"。最后调研的结果显示，孩子们期盼的课堂与新课程倡导的自主、合作、探究的学习方式竟然一致。但问题出来了，学生喜欢的课未必是好课。赵校长发现：许多课存在着教学过程分数高，学生满意度高，但检测达标率不高的现象。为什么学生喜欢的课堂，却没有收到好的成效？赵校长又分别面向教师、学生进行第二次调研，"一节高效的课堂要素有哪些？请从最重要的开始写"。这样，广文中学的理想课堂有了标准，那就是"高效愉悦"。赵校长与老师们从大量的数据中梳理出建设"高效愉悦"的理想课堂，应该关注的四个关键要素：教学内容、师生配合、教学环节、教学方法。

理想课堂标准有了，怎样去推广和实施，这一环节最让人头痛的是老师"穿新鞋走老路"。赵桂霞校长分享了两大绝招：（1）走进课堂，在真实情景中对比研究，用事实说话，让老师心服口服。（2）改变对教师的考核制度。把过去三个维度评价，即过程评价、结果评价、发展评价中的结果评价，分解为教学质量、育人质量两个部分，二者分数相当。他们还改变了课堂评价标准。从过去只注重过程评价和达标情况，改为"三个维度五个部分"的评价标准。三个维度包括：教学过程80分，达标10分，课后反思10分。将教学过程从过去的只注重教师的表现，分解为：基本课堂流程、学科特色、课型特色、学生活动、教师活动。评价就是一个指挥棒，评价改变了，老师们就转向了。

转向后的教师要做哪些事呢？赵校长带着老师们对课堂进行了一系列的改造：（1）"教学案"变脸，变成了"学生学习活动案"，这个"学生学习活动案"就是教学流程运转的载体。这个载体对学生的课前活动、课中活动、课后活动统一设计，实现了"先学后教"，实现了教师的主导地位，体现了课堂是解决学生学习问题的地方。（2）利用"课堂教学流程效益网格图"诊断课堂学习效能，他们发现学习方式的不同，学生参与率不同，课堂结构时间分布的不同，造成了课堂效能的高低。各个学科针对课堂无效或低效环节的分析，制定了学科教学规范和学科课堂教学评价标准。（3）各有各的"道"。广文中学的老师们通过头脑风暴，根据不同学科的特点建立了不同的教学方式和教学流程。例如：数学采取了"建设思维课堂"的教学方式，物理学科采取了"模块教学，整体推进"的教学方式，英语学科采取了"文化引领，话题整合"的教学方式，语文学科采取了"主题教学，单元推进"的语文主题教学方式，思想品德课采取了"案例教学法"等。（4）优化小组合作。通过组合最优化、分工最优化、规则最优化、评价最优化，实现了"不让一个孩子游离于课堂教学之外"，如此，形成了广文中学特色的"54321自主课堂"。

广文中学改造课堂的过程，也是一个从顶层思考怎样落实育人目标，到底线操作形成特色课堂的过程。因为出发点就是要构建学生喜欢的课堂，虽然过程艰辛，但是结果成功。这也是适合学生未来发展需要的课堂。

课堂是教师工作的主战场，研究课堂是教师永恒的工作主题。我想带着这样的思想与老师们一道改造协和实验小学的课堂。前进的道路肯定艰辛，我想到了"感觉困难的时候选择难走的路"，这是一个朋友对我工作的勉励。

开始行动，未来可期……

第62天　2020年02月10日　星期一

管理的创新
——读《建设一所新学校》感悟四

　　管理的本质是服务，学校精细化管理服务于谁？学校精细化管理服务于人的发展，服务于师生生命发展中本质的、真实的需要。而人的发展，首先是精神生命的发展，进而是知识和能力的发展。

　　怎样发挥管理服务于教师生命发展的作用？赵桂霞校长创新管理的第一步就是创新机构设置，组建了专门的课程管理委员会完善课程体系，细化课程内容，让中层干部从管理走向专业。第二步就是创新学校管理控制体系，给岗位给平台。"我的岗位我选择"，广文中学采用双向选择、层层聘任的人事聘任机制，尊重了教职工的意愿，保障了教职工的权利。第三步就是创新教师的评价制度。一般的学校总是用绩效考核来评价老师，评价者永远是学校，被评价者永远是老师。但广文中学的"满意度是重要的工作业绩"的评价理念打破了评价者的单一，从2006年开始，他们面向学生、家长进行满意度调查，包括家长、学生对任课教师的满意度、对班主任工作的满意度、对各部门工作的满意度、对学校整体工作的满意度等，并根据调查结果表彰"我最喜爱的老师"和"我（家长）最敬佩的班主任"。评价者的多元和评价形式的创新，成了推动教师成长的"关键事件"。第四步创新体现在管理更接近学生。"设立意见箱""与校长的成长对话""与校长共进午餐""相约五角枫下"等举措，多管齐下，让管理走进了学生的心灵世界。

制度是"商量"出来的；优秀是"计算"出来的；多把尺子量老师；教师节倾听教师的"抱怨"；关注教师之关注……每一篇简短的随笔都体现了赵桂霞校长管理的人性关怀，在民主的基础上集中、开放、放手，让老师们成了学校管理的主人。大家心往一处想，劲往一处使，凝心聚力搞课程建设，一心一意谋学生成长。

看完此辑，我深切地感受到，管理的创新在于制度的创新与评价的创新。制度的创新源于问题的发现，评价的创新源于问题的解决。所以，善于从平常中捕捉问题，才是当下每一个校长应该解决的重大问题之一。

第63天　2020年02月11日　星期二

学校发展，家长也是主角

读完赵桂霞校长的书，建设一所新学校的五条基本路径越来越清晰。赵校长治校五条路径的个性化表达是：构建理想、追寻幸福、发现课程、改造课堂、创新管理。有着十年校长生涯的我，也形成了治校五条路径。我的思考是：文化定位，明确学校培养什么样的人；课程构建，解决学校怎么培养人；课堂变革，抓住育人主阵地，形成育人新模式；队伍建设，构建教师梯级课程，促进教师专业成长；机制变革，从管理走向专业，人人都成为课程参与者与建设者。

五条路径表达方式不同，但实质是相通，都是为了促进学生的全面发展。如果把学校比作一个人，"头"就是学校的顶层设计，文化寻根，灵魂所在。所以，学校要先找到个性化的文化，明确自己的办学理想和方向，清楚学校培养什么样的人，进而顺理成章地围绕学校的育人目标，去构建课程、变革课堂、培养老师、改革机制。

找到了办学的路径，我们就要"走起来"。尽管由于疫情居家"防御"，但思想却在家"生长"。我想通过三个"协和实小学校文化定位调查表"，一个是家长篇，一个是老师篇，一个是领导和社会各界人士篇，对他们进行调研，听到更多来自家长、老师、有识之士的声音，为学校的办学定位找到启发和思路。

先从家长开始吧。因为疫情，很多家长没复工，居家防御疫情，这是他们参与问卷调研的最佳时机。为了让家长们填写问卷时易懂能填，我想给出一定的思路和提示，让参与调研的家长做选择题，如果有别的思考，补充在后面就行了。我们设计了六个方面的问题，具体如下。

（1）关于学校文化个性标签的调研。下面哪一种描述你觉得最适合作为学校的文化个性标签？

A.从剑南大道的区域位置和毗邻警校出发，选用"剑"作为文化标签，打造"剑南"文化品牌，传递"亮剑"精神。

B.从学校现有的"让每个生命绽放精彩"的理念出发，选用某种花木作为文化标签，塑造"绽放"精神。

C.从怡心湖和怡心社区出发，选用"湖"作为文化标签，建设"怡心"文化。

D.从学校校徽中的"三叶草"出发，选用三叶草作为文化符号，建设"三叶草"文化。

E.其他。请您写出对学校文化个性标签建设的建议。

（2）关于教育思想的调研。教育思想是教育的普遍价值观，您觉得学校教育教学中所遵循的理念或未来发展更需要哪种教育思想流派，并简要陈述。

A.生命教育

B.生态教育

C.生本教育

D.生活教育

E.三生教育

F.主体教育

G.其他

请您写出对学校教育思想选择的建议。

（3）关于教育价值主张的调研。核心教育价值主张是在教育思想之下核心强调的理念价值观，例如：清华附小的成志教育、锦江小学的情智教育、大邑北小的情趣教育、双华小学的"润·节"生命教育等。请填入1~3个您理想的协和实小核心教育价值主张。简单陈述您所主张的核心教育价值主张理由及内涵。

（4）关于学校培养目标个性标签的调研。请写出您对协和实小毕业生形象（品格和能力）的期待，用若干关键词简要描述，从最重要的开始。同时，试写一句学生培养目标主题语。

（5）关于校训的调研。试写一句学校校训。

（6）关于办学愿景的调研。请写出您心目中理想的协和实小未来的样子。

为了激发家长的参与热情，我们设计了问卷前的导语。

亲爱的家长朋友们：

您好！元宵节刚刚从我们身边走过，新的一年在2020年的春日里已经在悄悄地启程了。虽然疫情仍在，但协和实验小学已开始了学校文化寻根定位的思考！

协和实验小学要培养什么样的人，怎么培养人？我们希望能从您填写的这份问卷中找到启示。希望您积极参与，与孩子讨论并认真填写，假如您的观点和建议被采纳，我们将邀请您进入我们的校级家委会。本次调查为自愿填写。期待您的智慧，感谢您的参与！

这份调研问卷以网上问卷星的形式很快发出，也同样向家长发出了信号：协和实验小学的发展，家长同样是主角。

我们期待着家长给予的惊喜和奇迹……

第64天　2020年02月12日　星期三

开好校长办公会

今天一起床,就收到刘勇副校长发的一条信息,询问关于下学期临聘教师的聘用问题。教师招聘,这既是重要的决策,又涉及我自己对履新学校教师聘用工作的了解。于是,与刘勇副校长商量后,决定召开一次校长办公会。

履新到新的学校,怎样体现校长依法治校,就显得尤为重要,一定要规范、有效。校长办公会是学校行政管理的重大制度,是学校依法治校、民主决策的重要环节。我们审视过去的校长办公会,成员们总是一板一眼,按部就班,有时提案显得死板,有时只提出了问题,没有带解决方案。因此,我们在新的校长办公会上采用了QAXP模式(Q—提问、A—回答、X—补充、P—陈述)进行讨论,校长办公会成员充分参与讨论,提案的水平也会水涨船高,很多问题的解决方案也都能体现较高水平,校长办公会的效能也趋于最大化。

上午,学校校级干部和教务处主任、党政办主任坐在一起召开了校长办公会,研讨临聘老师管理办法。大家共同讨论,建议进一步摸清学校教师情况,按岗设人,完善教师聘用管理制度,制定协和实验小学临聘教师管理办法,办法要明确相应的工资待遇、考核、请假相关的制度。并且,成立临聘教师工作委员会,按时收集临聘教师意见及建议,让学校更好地关爱临聘老师,让临聘老师们有归属感和幸福感。

校长认真办教育,一定要直面管理当中的一切问题。

第65天 2020年02月13日 星期四

"网课学案"的探讨

教育即世界。在全球化深度融合的今天,我们的教育其实是在引导每一个老师和学生,如何去更好地认识世界、改造世界,为未来的生存、生活、生态做好准备。

南通市教育科学研究院符永平副院长在微信中给我分享了他给当地局长写的一封信,"给局长的建议(一)——'停课不停学'的课怎么上",内容是说说以"学案"为导学载体的"5互动"网络课堂。内容如下。

疫情严峻,在现行网络条件下的"空中课堂"应运而生,不难发现告诉式的视频与讲答案式的课堂,成了"人灌变为机灌"的课堂,这自然让我们思考,"停课不停学"的课难在哪里?应该是什么样式的课?教学内容是为了追赶教学进度和增大课业负担的课?这样的课又怎么上?如果说,"学案"不是实施灌输式教学的"习题集",而是训练学生学会学习的方案,是将教学内容的目标、方式、互动交流要求、师生同步评价与学习反思等要素组合一起的教学系统表达,那么,"学案"就可能成了解决这些难题的一个好的载体与桥梁,这将会推进我们常态的信息技术与教学的深度融合。

虽然戴着口罩不能"自由地呼吸",但脑子没有什么罩着,思想可以自由驰骋嘛。当今的教育就需要为未来不可测的生活培养有现代教育意识和现代教育技能的教师，否则中国教育永远没有希望。

符永平院长很有忧患意识，他给当地的局长又写了一封信，"给局长的建议（二）——不能因疫情时期的网络课堂'直播直灌全灌'，让我们的课改倒退"。

重视疫情对课堂教学改革带来的危机与契机。疫情时期"停课不停学"的网络课堂是必须有的课堂形态，这无疑是加快推进师生信息化素养和互联网教学革命的绝好机遇和难得的契机，互联网教学的革命，不是用了互联网教学就自然成了互联网教学的革命，而是怎么贯彻课改精神，做好信息化教学才是关键。而课改精神的核心就是颠覆灌输式教学模式，提高学生学习的主体性，从课改推进渐进性的角度，我们如何把自主先学、互动交流、问题开放等基本要求有机融合到信息化教学中去，这是我们必须攻克的难题。但如果网络课堂成了对遥远的家中课堂上的学生教学是"直播直灌全灌"，学生被强大的"机灌"（对比人为的灌输式教学）丢失了主体性后，对学生发展的伤害是可想而知的，这难道不是当下课堂教育生态的退化，不是已有课堂革命的倒退？我们要严防这种危机的发生！不能因"直播直灌"的空中课堂，让我们已有的课堂生态倒退！

目前，大部分网络课堂，大多数是录制好的，再一个就是我们平时本身大部分都是讲授式课堂，加上网络教学本身互动活动就比较难，没有面对面的互动，疫情期间，加速网上学习的同时，会再次强化一讲到底的教学，影响课改的深化。

看了这封信，我知道符永平院长要行动了。他告诉我，疫情比较严重的武汉、黄冈、温州的校长朋友，让他提供小学的"学案"。他希望我加入他研究的行列,并建议我,先拿出语文、数学、英语三个学科各一个学案的基本范本,为老师做出学案的范例。

对于网课导学案,我从来没有开发过。但在双华小学工作的五年,我用了三年的时间研究《"当家"课堂》导学案,有一定基础。

导学案是教师编撰的用于引导学生进行自主探究学习的学习方案。它是高效课堂教学改革的产物,是实现学生自主学习意识培养的媒介,通过巧用导学案这一工具,能激活学生的非自觉或非觉醒状态,把学生置于无可替代的主体位置,同时,也为学生提供了实现这一目标的支撑与可能。纵观山东杜郎口中学、山东昌乐二中、辽宁沈阳立人学校等课改名校,导学案都是其共同的课堂工具。

那么,学校又如何组织导学案编写?

首先,需要各学科年级组集体备课,发挥群体智慧。导学案的编撰是一个浩大的工程,假使让任课教师各自为战,其工作量是难以想象的。如果课堂改革以加大教师的工作量来提高教育教学效果,这样的改革是失败的,我们要的是教学效用的最大化。因此,导学案的编撰需要以集体备课的形式产生。首先,学科年级备课组组长下发具体的编撰任务清单与标准导学案设计范式,任课教师进行导学案第一阶段的编撰工作,第一阶段即指,任课教师先编撰出一至两份导学案,上交学科年级组讨论,交流导学案编撰过程中的困难、疑惑、心得。优选出一至三份设计优秀的案例供大家借鉴、参考,形成既符合学校标准导学案设计范式,又能适应本学科特色的导学案模式。其次,任课教师进入导学案正式编写环节,在这个环节的编写过程中,教师应该明确三项内容。

(1)课型。课堂教学的课型泛指课的类型或模型,是课堂教学最具有操作性的教学结构和程序。可以根据不同的标准划分不同的类别。现代教学理论认为,教学过程结构是课型分类的主要依据之一,特定的课型必须有特定的教学过程结构。例如，根据教学以教学任务作为课的分类基点，课可划分为新授课、复习课、实验课、练习课、讲评课等。以学科教学内容的不同性质，语文可分为识字课、阅读课、写作课、口语交际课等。根据课型的差异，设计适合的导学案，这是教师要明确的。

（2）学习目标。学生通过这堂课的学习，应该在知识与技能、过程与方法、情感态度价值观上得到怎样的提高，教师需要怎样去设计导学案内容，编排内容顺序，来达成这一目标，这是教师要思考的。

（3）导学案结构与内容。学校的导学案包括三大结构五大要素：基础课程、扩展课程、研究课程，自主学习、合作探究、展示分享、检测反馈、归纳提升。然而，课堂有"素"，但无定"数"，贵在得"术"，所以，导读案或导学案的每个部分必然不是僵化固定的五要素，一切要视生情、学情、师情的变动而变动，这是教师要注意的。

任课教师编撰完所属任务后，学科年级组长应组织召开导学案编撰工作评估会，审核讨论通过任课教师提交的导学案，对不符合要求的导学案或问题较大的教师，可采用结对帮扶的形式，协作其完成。然后，装订成册，下发任课教师使用，并报学校备案，学校组织抽查。

其次，需要学科任课教师个性化处理，适应课堂变化。集体备课背景下设计的导学案，不可忽视的是，别人的思维不一定适合自己，别人思域下的学生预设不一定适合自己的学生，这就需要教师在课前进行个性化处理，也就是"三次开发"。

最后，需要学校集体修订，优化先前设计。到这个阶段，导学案已经在课堂中运用了一轮，或教师已经进行了"三次开发"。此时，学校层面应开展导学案回头看工作会，同时，组织各学科年级组开设分会场，对已投入使用的导学案进行再讨论，主要论及预设与实际的偏差，具体包括：三维目标设计是否合理，自主学习部分学生是否都能完成，合作探究部分是否多此一举，归纳提升是否过分拔高等方面。对导学案进行再修订，主要是任课编撰教师在专家（包括名师工作室）的指导下进行修订完善。然后，装订成册，存档管理，以便下一学年使用。

另外，在导学案编写过程中，应该遵循什么设计原则？我认为应该遵循五大原则。

（1）（学生）主体性原则。从方便学生的学出发，以课时为单位进行内容的设计。同时，教师应坚持这样一种理念：学生能做的一定要大胆放手让学生自己去做，特别是自学部分，不是所有的知识都必须通过老师亲自传递，要相信学生有解决新问题的能力，也就是说，教师一定要"胆大"。

（2）（学生）差异性原则。自学部分应"保底"，适应绝大部分学生的认知水平，而固学部分应"保底不封顶"，分层设计达标测试，满足不同层次学生的需求。

（3）动态性原则。导学案不同于教案的地方之一，就是教案是教师上课的模板，课堂教学活动严格围绕教案展开。而导学案为学生参与创设条件，重视师生、生生间的互动，在导学案制定上，广泛吸纳学生意见，重视课堂的动态生成，而非静态预设。具体操作而言，导学案分两部分：第一部分为常规内容；第二部分以可裁剪的页面形式出现，为名为"问题拓展"的空白页，主要记录学生自己在课堂上的一些疑惑（且没有得到很好的解决），或有创意的想法（且没有得到及时的分享）等。"问题部分"作为教师进一步了解生情的材料，供课后与学生交流，也可作为下次集体备课研讨的内容。为更好地修订下一版本的导学案做准备。

（4）整体性原则。导学案所有部分的设定，都应当围绕预设的课堂教学目标来进行设定。导学案一般分三个部分（基础、拓展、研究部分）：基础部分侧重于达成知识与技能方面的目标，以（课前）自主学习为主；

拓展部分侧重于达成过程与方法方面的目标，以（课中）自主学习、合作探究、展示分享、检测反馈为主；研究部分侧重于达成情感态度价值观方面的目标，以归纳提升为主。就设计而言，导学案集导、学、研、讲、练于一体，教师应该游走于教材、学生、教辅内外，根据教学需要，进行科学的整体设计。

（5）科学性原则。导学案的设计，要基于学生身心发展规律和教育教学实践活动规律，以学情为出发点，充分考虑学生的学习能力和知识的难易程度，来组织导学案的内容，例如，小学低中段学生的导学案应更加侧重于图文并茂。

既然疫情时期"停课不停学"的网络课堂是必须有的课堂形态，我就带着好奇的心去进行导学案研究吧。

第66天 2020年02月14日 星期五

延迟开学非延期放假

今天一大早，我就到学校，参加成都市双流区2020年春季学期普通中小学延期开学教学工作安排部署视频会。

双流区教育局普教科廖科长首先发言，她讲了六大点。

一、统一认识

（一）对延迟开学的认识

延迟开学非延期放假，按照市教育局工作会刘强局长要求，2月17日前，非疫情地区的师生应尽快返蓉，处于居家防疫工作状态，并充分思考，准备开学后的工作。

（二）对"两周"的认识

很多学校可能会有错误认识，两周就是"短、等、混"，认为时间短，两周无所谓，等一等疫情就过了，将"两周"混过去。实际情况是两周只是暂定，还有可能继续延长，等省市教育主管部门安排另行通知。"尊重时间就是尊重生命"，我们教育工作者是不是应该站在珍惜时间的角度来思考我们的工作，想想在一线抗击疫情的医务工作者、军队等保障部门的辛苦付出，我们是不是不应该浪费来之不易的安全、健康生活的时间，回馈社会，回馈英雄们的付出，体现我们的责任担当。

（三）对"居家"学习的认识

有些教师可能对居家学习有误解，认为居家学习就是"散乱、随意、自主",我们要摒弃这种错误的想法,认真思考居家学习是否应该归入课程?抓实课程的四个维度,目标、内容、实施、评价。学校应该有一个总体的要求目标,围绕"三条主线"如何展开工作。

1.教育是国家意志的体现,"生命至上,安全第一""疫情就是命令,防控就是责任"是目前我们的工作方针和导向。

2.教育政策"五育并举""核心素养""课程体现""线上教学"应该如何在特殊时期落实落地?

3.根据国家省市相关部门要求,非常时期,教育的落实从学校层面更应该有顶层设计,制订课程计划,根据学校特色,分年级推进,按班级落实。

二、工作原则的要求

(一)树立正确的教育思想和目标

坚持五育并举,通过开展"社会情怀、健康知识、习惯养成、学业指导、特长培养"等方面主题教育,落地学生核心素养培养。

(二)正确把握教师指导居家学习的原则

1."自教"重于"他教"。首先,把准红线,不能让一些商业利益染指校园;其次,网络上再好的资源都不能现成照搬,教师应当进入工作状态,有所作为;最后,突出学校的特色,展现双流的教育自信,坚定学校教师自己的自信。

2."自学"重于"教学"。调适教与学的关系,要把时间多放在指导上,因为线上教学可能教的越多,效果越差。

3.组织重于上课。居家组织学习有很多现实的客观因素制约,比如设备资源情况、学生的自觉性、自学能力等。组织教学难度大大高于在课堂上的教学难度。因此,教师应该权衡好教学模式、指导方式、课程要求等。

4.交流重于作业。作业不能一刀切,推送有针对性和有层次性的教学资源,探索弹性作业。教学设计中增加看视频、看材料后的交流学习环节，注重启发式、互动式、探究式教学，着重锻炼学生的思维表达、合作和交流能力。

5.反馈重于评价。"突出矫正性反馈学习"，不要简单地设置对错，注重"反馈—改进—反馈"的矫正性闭环学习模式。

三、体现工作统筹，确保"适切"教学

结合本期教学工作内容和居家（线上）教学实际，科学安排教学内容，体现本学科、跨学科教学工作统筹安排，居家学习和开学后学习的教学工作统筹安排，确保学习"效度"。

（一）抓实三个抓手

1."4+X"课程建设。

2.双流特色高品质课堂。

3.教育教学管理规程建设。

（二）分解学段特色

1.小学：阅读能力和计算能力，是小学阶段的两个重要能力，是学生优秀学习的基础。不能对"全面发展"和"素质教育"做错误解读，而将学校的过多精力，甚至全部精力投入在了运动的奖励和举办音乐会上，这是有失偏颇的。什么是课程特色？举一个例子，清华附小窦桂梅校长，将阅读《西游记》变成了学校的符号和标志，通过阅读能力、思辨能力、写作能力、欣赏能力、置疑能力的培养，让全校一到六年级的学生层层递进每年都读《西游记》，通过一本名著，就践行了"立德树人"的根本任务。因此，不能将特色停留在嘴上，这样就是粗浅和肤浅的特色。

2.中学：综合实践。要时刻都有课程的意识和想法，结合社区文化、科技、热点等问题，充分体现课程的融合。

3.高中：学生生涯教育。一是要注重特长和特色，二是要做好导师制，三是要做好高校与中学之间的衔接指导。要凝练总结，升华推动，再上新台阶。

今年的重点工作之一是突出课题的真实性和有效性，围绕课程课堂总结提炼课程课堂规程。

（三）体现统筹

1.人的统筹，思考哪些是可以校外借鉴，哪些是学校自己必须做的。

2.时间统筹。延期开学的两周应该纳入学校整年的教学安排规划，不能只局限于两周，要提前做好谋划，做好"专题式"教学指导。

3.内容统筹。课程改革的很大一个特色是如何体现学科内部和跨学科的整合。我们要思考哪些内容更适合学生居家学习，要有思考才能有作为，从而最大限度减少时间的浪费。

（四）坚持"一校一策、一班一案"

一定要体现课表和计划，不能放水教学。居家学习完全见不到老师的作为是肯定不行的，因为有答疑的环节，"自教"是老师的本职工作，居家学习不能变成别人课的表达，自己不作为。我们的"一师一优课，一课一名师"等评优选先工作，名师倍增的考核工作，在这种特殊时期更需要纳入考量。

希望校长们对名师工作多提要求，坚持任务驱动，鼓励倡导信息化的使用能力，不能因为部分老师用不来，不会教，不想做，就不提要求，否则教师永远成长不起来，应当抓住这个可以提高自己的重要时期，做好反省，提高认识。

四、体现"无差别的公共服务"

（一）明确服务的对象是什么

校长的服务对象是教师、学生和家长。教师的服务对象是学生和家长。因此，安排的居家学习内容，学习手段一定要满足绝大多数学生和家长的接受度和认可度。坚决禁止把居家学习变成对极少部分学生的线上辅导和家教，更不能变成对家长的辅导。校长一定要高度重视把好关，避免没有做好无差别的公共服务，导致家校之间的摩擦，甚至舆情发生。

（二）重视家校联动，但不能增加家长负担

限时限量合理安排学习，不能给学生和家长增加额外负担。既不能在延期开学期间不做任何学习生活安排，也不得强行要求学生每天上网"打卡"、上传学习视频、超时上线学习等。

五、读政策，讲政治，守规矩

1.严禁打卡。不得强行要求学生每天上网"打卡"，甚至作为特色宣扬。

2.严禁除初高中毕业年级外，开展新学期课程网上教学。

3.严禁只突出应试教学的内容（尤其初中）。

4.严禁课表安排每日超过6小时，每课时讲授时间超过20分钟。

5.严禁将开学后安排的课表简单地作为延期开学居家学习课表。

6.严禁因网络使用不当，不讲政治，产生网络舆情。高度重视"网络安全"。

六、区教育局、研培中心和技装中心三方联动，开展工作服务

我们将落实包片工作机制，各校如果有对工作理解不到位，执行有困难，需要指导交流的情况，欢迎随时与我们沟通联系。我们将竭诚为大家服务，与学校并肩作战，确保延期开学工作平稳、有序、有效。

听了廖科长的讲话，我感觉到了教育局领导在疫情面前，体现的一种责任和情怀，以及运筹帷幄的前瞻性思考和引领能力。

作为校长，在延期开学的两周里，我和我的行政班子又将以怎样的工作态度和充实的课程，引领老师和学生做好延期开学的学习、工作和生活呢？我们决定马上筹备协和实验小学延期开学工作会。

第67天　2020年02月15日　星期六

统筹开学工作，杜绝"短、等、混"

疫情当前，责任在肩，谁也不敢懈怠。如果没有这场疫情，按期末的工作安排，今天是全校老师的收心工作会。

为什么要提"统筹"二字。因为现在处在疫情期，暂时延期的两周"居家"（2月15日—2月29日）工作要认真思考，假如疫情过后，3月初开学，一个学期的工作还得思考。思考什么？昨天双流区教育局延期开学视频会上廖科长讲得非常清楚：那就是教师和学生的安全、学习、提升的问题，就是落实立德树人的课程建设、课堂变革、规程建立的问题。学校不能因疫情而冻结了思考，出现"短、等、混"的状态。

作为校长的我，首先要有一种工作的姿态，我把延期开学重点工作定位为统筹开学工作，从倡导到指导再到督导。一大早，我就学校延期开学按部门进行了线上工作的指导。

（一）对副校长刘勇的建议

1.开学前形成临聘老师的管理制度。

2.开学前形成校长办公会制度。

3.形成开学工作详细方案，在16号之前发放给家长、学生、老师。

4.尝试能否召开全校老师视频工作会。思考技术能否支持，以及可能出现的突发情况。

5.开学前商讨绩效考核方案初稿。

6.商讨优质特色考核方案初稿。

7.开学前形成规范的教代会制度。

（二）对安全处行政人员袁乙洁、高宇的建议

1.按照开学工作指南，准备所有资料预案，细化到每一位老师。

2.按照开学指南，做好开学人、物的管理和分配工作，成立各项防控措施，有时间、有地点、有人员、有台账、零失误。

（三）对教师发展中心主任樊小娟的建议

1.教师发展课程。把北京师范大学面向全国基础教育一线教师开展的在线教育教学能力提升培训公益直播课程和精品微课，作为协和实验小学所有教师"居家必修课"加以推送。同时做好每天课程信息的发布工作，及时收集老师的学习反馈材料，做好反馈效果评价。

2.发布延期开学期间教师发展需求问卷表，并做分析报告。

3.制定本学期教师发展课程方案。

（四）对教务处行政人员黄军、杨园的建议

1.发布"好课特征"教师问卷表，并做分析报告。

2.形成国家课程校本化实施方案。

3.制定课堂导学案行动研究方案。

4.开学启动导学案设计比赛以及课例研讨。

5.在延期开学期间召开毕业班工作会。

6.做好学校教育教学资源库建设。

（五）对人文与语言课程处主任高华群的建议

1.形成2月17日—2月29日学生居家阅读新方案。

2.构建协和实验小学课内课外线上线下"立体式"阅读体系，形成书香校园的特色。

3.对语文学科导学案进行研究，形成语文"新"课堂评价标准。

（六）对德育处行政人员胡涛、翁源的建议

1.形成2月17日—2月29日学生"居家"综合实践活动小课题研究课程体系，体系分不同的年级，可以围绕以下几个主题来进行设计。

一年级主题：入队前的准备。

二年级主题：好习惯，我研究、我行动。

三年级主题：向抗击新冠病毒肺炎战役中的英雄致敬。

四年级主题：中草药知多少。

五年级主题：我们会面临哪些灾难。

六年级主题：毕业季课程。

2.投放家长课程。给家长推荐"北师大家庭教育在线直播课程"。

3.召开年级组长会，形成2月17日—2月29日延期开学年级组长工作行事历。

（七）对党政办主任叶丽娟的建议

1.教师情况统计，包括临聘教师与正式老师。

2.收集所有行政人员的延期开学行事历，形成学校2月17日—2月29日延期开学行政工作行事历。

3.统筹思考，协调各部门，形成新学期学校工作手册。

（八）对宣传外事合作科行政人员徐藁的建议

1.收集延期开学期间各部门的典型特色工作。

2.配合叶丽娟统筹学校工作，做好学期行事历制定。

（九）对总务处四位同志汪抗战、许阳、刘光笃、徐德才的建议

1.按成都市教育局发布的《食堂防御防控十条措施》，形成食堂防御防控工作详细方案，落实到时段、地点、负责人、做什么事、怎样考评。

2.做好保洁、食堂、保安人员的培训工作会，落实开学工作。

3.做好所有教育教学物资后勤保障。

我把这些指导意见分别用微信发给相应的行政部门，征求他们的意见后，我才正式发给党政办，督导每个部门和行政人员落实行动。

有了这种统筹的思维，努力让开学工作忙而不乱。

第68天　2020年02月16日　星期日

科技向善，协作无间

疫情防控期间，按照相关要求，需要尽量减少聚集开会，于是，学校决定利用现代化的网络会议工具在今天下午两点召开全校老师线上收心会议。当了9年校长的我，第一次参与全校老师线上会议，这对学校所有行政人员和老师也是第一次。面对时空分离的线上互动，我和老师们心里都多多少少存在一丝焦虑，毕竟面对面开会与线上开会有诸多的不同。第一次全体教师视频会会议宗旨还是：以教师为中心。

既然以教师为中心，就应该站在教师的角度思考以下几个问题。

（1）选择怎样的网络平台方便教师简单上线呢？大家推荐用腾讯会议。我查了一下这个App。腾讯会议是一款基于腾讯21年音视频通信经验积累的高清流畅、便捷易用、安全可靠的云视频会议产品，方便随时随地高效开会，全方位满足不同场景下的会议需求。我在家下载了这个App，和教务处黄军主任在线试了一下，效果蛮好的。对于会议效果，我对年轻人居多的协和实验小学充满了信心。但毕竟还是有一些年长的教师，他们会使用吗？有了平台，又怎样知晓每个老师都会下载使用这个网络工具呢？我们发了信息在微信上，以年级和科任学科、后勤部门为单位，选出一个网络技术指导员，做好线上技术的指导，保证一个老师都不缺席会议。

（2）会议内容的准备。一定要板块清晰，要求明确。我们通过交流，决定分三个内容来讲。第一个内容由负责安全的副校长从总体讲防疫防控工作及要求。第二个内容讲学校延期开学"居家"课程工作安排，包括

"学生"居家课程和"教师"居家业务提升课程。其中,学生居家课程包含两个板块:阅读课程和综合实践活动"居家"研究型课程。第三个内容由校长总结发言。

（3）会议时间不宜太长,不超过50分钟。

下午1点55分,我们就开启了线上视频会议调试。在视频空间里,不时传来老师们欣喜的欢笑声和问候声,会议主发起人要求大家关掉麦克风,顿时就清静了,会议声音效果很好,通过屏幕我看到了听得非常专注的老师们。

科技向善,协作无间。我们不得不感叹这次疫情使我们重新认识,并有效运用互联网的一个契机。我也相信,有了这次尝试,以后线上开会模式将会越来越成熟,也会成为常态。这次视频会也是我们管理工作的一次行动创新。

附件:协和实验小学延期开学"居家"课程工作安排

根据上级文件精神,我们暂定延期两周开学,这期间,老师应处于居家上班状态,积极、有规律地完成我校教师发展课程内容,并指导学生有规律地做好居家学习。

按教育局精神,我们延期时间为2月17日—2月29日,根据上级对延期开学期间学校、老师做好学生的健康卫生知识指导、社会情怀教育指导、习惯培养指导和学业指导四个方面的精神要求,我们根据学校实际情况开发了协和实验小学延期开学居家防御的教师和学生课程体系。

一、学生课程

整合具体情况，我们将学生的课程分为学业指导课程和综合实践活动课程两大方面。

（一）学业指导课程

主要内容：阅读。

投放人：教务处高华群。

指导实施人：语文老师。

要求：学业指导课程以阅读为主，不布置任何如摘抄、手抄报等书面作业，评价方式由家长在阅读结束页签字确认即可。具体要求参看高华群老师投放的阅读方案，各语文老师要对学生的阅读量（时间）做统一要求，老师合理地安排时间在群里与学生就阅读内容进行互动答疑。

（二）综合实践活动研究性课程

主要内容：结合健康卫生知识指导、社会情怀指导、习惯培养指导的要求，现整合为协和实验小学综合实践活动居家研究性课程。

投放人：德育处胡涛。

指导实施人：各班班主任、辅导员。

要求：分年级开展，各班要合理规划课程内容，有序合理安排课程内容的完成时间。

学校很看重学生的综合实践活动成果，所以，开学后德育处将会对学生综合实践活动优秀指导教师和优秀学生进行表彰。

学生课程在于保证学生居家防御期间日有所做，日有所获，我们坚持学生课程和学生作息时间的一致性，不打乱各个家庭原有的作息计划，学校提供的作息时间安排仅供参考。

08：00—09：00　起床、洗漱、早饭

09：00—09：40　课外阅读

09：40—10：00　体育锻炼活动

10：00—11：00　综合实践活动

11：00—14：00　午餐、午休

14：00—14：40　阅读

14：40—15：00　体育锻炼活动

15：00—16：00　其他活动安排

18：00—20：00　灵活性答疑或其他班级活动

20：00—21：00　家庭交流

21：00　洗漱、睡觉

二、教师课程

教师课程的原则是在教师指导学生课程的同时不增加教师的负担，教师发展课程和学生课程保持一致性。基于这两大原则，我校居家防疫的教师课程内容包括两个方面。

1.和学生看同一本书。科任老师看教师发展室推荐的影视书籍，具体内容参看教师发展中心投放的教师课程。

2.积极收看教师发展中心推荐的北师大推出的居家学习课程，并交流撰写心得体会。

成都市双流区协和实验小学
2020年2月17日

第69天　2020年02月17日　星期一

延期开学，给家长写封信

如果没有疫情的发生，今天是孩子们归校的日子。延期开学，家长一定很焦虑，于是，我想给我的家长朋友们写一封信，把将近两周的延期开学安排清楚地告知于他们，以免家长焦虑。

我在信里，这样写道：

尊敬的协和实小家长朋友们：

在这个特别的寒假，可能家长和老师们一样，从来没有如此迫切地希望尽快开学吧。一场疫情，打乱了正常的生活节奏，似乎那熟悉的校园铃声才能驱散这场战"疫"带来的阴霾。尊敬的家长们，别担心，安静的校园依旧整洁、美丽，宅在家里的协和实小孩子们跟老师的心反而更近。从2月3日开始的寒假居家课程，校长妈妈看到了孩子们的成长与变化。他们有情怀，为武汉加油，为白衣天使感动；他们有能力，积极学习疫情相关知识，指导家人科学预防；他们有担当，坚持居家不出门就是贡献、学做家务关爱家人。居家课程有计划、有过程、有评价，和孩子们朝夕相处的家长，你们一定跟我一样，为他们感到骄傲和自豪。

我们避免不了灾难，我们却能做好自己，我们预知不了未来，我们却清晰地知道未来在孩子们的手里。

所以，家长朋友们，无论现在你是安心宅家享受难得的亲子时光，还是焦躁不安，希望让神兽赶快归"笼"。我们都要一起坚定信心——未来日子，孩子健康成长，学习之舟将继续扬帆远航。校长妈妈会一直和孩子、老师们在一起。

接下来，就家长们最关心的延迟开学，我将从不同的方面来为大家答疑。

第一，关于开学时间。伴随着新冠肺炎疫情的发展，原定于2月17号孩子返校报名时间，也随之推延。根据省、市、区教育行政部门的精神指示，2月底前各校均不开学。具体开学时间以上级部门通知为准。

第二，健康第一。在期末的几场家长会上，我一直都反复强调孩子们的身心健康是第一位的，每当看到孩子们在操场上跑得小脸发红我就会特别开心。家长们，在家要坚持检测孩子的体温，不能大意。已经返回成都的，一定要继续坚持居家防疫。还没有返程的，返程时如乘坐公共交通一定要格外注意防护，回家后及时告知老师和社区工作人员并填写健康问卷。学校也会利用线上平台，投放眼保健操、居家锻炼小视频等，家长按需取用，让我们共同尽力保障孩子们的身心健康。

为了让孩子们安心返校，学校安全处做了大量的工作。积极采购口罩、消毒药品、测温器材、布置好发热留观场所，反复落实开学当日和开学后入校检测体温、午检、就餐及消毒工作等。一切都是为了孩子，我们必须打好这场战役。

第三，非常教师。为了让孩子们能在这个非常假期安心、快乐，老师们早就开启了"非常教师"模式。延期开学不等于延期放假，我校坚持"防疫促学"两手抓，开启教师居家学习模式，为提升业务能力，做到专业发展不延期。双线备课模式，开学、延期双重保障。老师除了要帮助家长和学生们消除恐慌与焦虑，及时上报各种疫情防控的信息，做好疫情防控工作外，更要提前备课、解读课标和教材。在线学习聆听北师大教授的前沿教育，开阔教师的视野。分组视频研讨，共享读书心得。他们正用自己的方式，为孩子们构建更为贴心的课堂。

第四，宅家课程。2月17日至29日，全面开启学生延期开学"居家"学习模式，这对我们所有的家庭、学校和老师都是一次难忘的经历，更是一次全新的考验。我们和所有的家长朋友一样，心系孩子的成长。不给孩子们增加负担，不成为彼此的压力，学校教务处、德育处反复研讨，针对这段时间学生"居家"情况，制定了重在阅读的学业指导和分年级开展的综合实践活动研究型课程方案。

这些课程都会分年级发布，以班级为单位，进行学习。孩子们请积极与老师分享你的学习过程和研究收获，期待你们的学习成果！

写到这儿，我相信家长们一定会担起那份责任，和学校一起"怡心"一意、携手并进，和老师们一起护航育人。这个冬天格外漫长，但没有一个冬天不可逾越。冬去春来，新雪初霁，让行动看得见，让孩子们在关键事件的淬炼中磨砺，让他们都成为有担当的协和实小娃。

教育资源无处不在

构建学校立体式的"阅读"体系一直是我的心愿。什么是"阅读",阅读什么,特别是基于儿童视角、基于教师视角的阅读究竟该怎样做,该怎样构建起"阅读"的心智、"阅读"的思维、"阅读"的方法,激发师生终身"阅读"的品质,我想从谢建萍老师主编的《整书阅读课程课例化教学路径(第一辑)》这本书中去找到答案。

我与谢建萍老师有两次谋面。第一次是在双华小学任校长时,教导主任李慧要代表学校去上一堂整本书阅读课《毛毛》,缺专家指导,所以在做专业阅读研究的超星公司推荐下认识了谢建萍老师。在给李慧老师研课的过程中,我一直陪同谢老师,也想跟谢老师学习。评课的详细过程已记不全,但谢老师对阅读的理解,对阅读教学的专业,从她清瘦秀美的身子骨里散发出独特的魅力,给我留下了深刻印象,我被她吸引住了。后来,李慧在谢老师悉心地指导下也突出重围,获得了非常优异的成绩。

第二次见面,我已调到协和实验小学。因为学生在寒假中要开展"百日阅读"活动,负责阅读教学的高华群主任在推动这个工作中遇到了不同的声音:家长认为孩子在阅读时被投放了太多任务,反倒抹杀了孩子读书的兴趣;班主任又觉得家长、孩子积极性不高,阅读效果不好。我想孩子不读,家长不愿意配合的背后肯定有问题,于是,我又想请谢老师到新学校进行问题诊断。谢老师如约而至,从"百日阅读"课程方案的设置、实施的方式,到怎样评价,谢老师都详尽地与负责此项工作的高华群主任和老师们做了诊断与设计。谢老师一丝不苟的工作状态，又一次给我留下了深刻印象。通过交流，我才知道谢老师是个厉害的人物，她是小学特级教师，是全国名优小学校整书课程课例化项目负责人。她对"整本书阅读"有许多思考研究及行动方向，对扎实有效地指导学生阅读，推动书香校园建设很有见地。同时，就阅读教学与信息技术深度融合实践中，如何进行整本书阅读的建设，以及学校整本书阅读课程的实施路径和策略，线上阅读课程和活动如何进行完善提高和创新等方面都是当前首屈一指的专家。

今天读此书，目的之一就是找能支持协和实验小学阅读教学教师专业发展的外力资源。看完此书，我特喜欢该书最后的一句话：一切该遇见的，终将来；一切到来的，都是刚刚好！

第71天　2020年02月19日　星期三

把每一次任务当作机遇

昨天下午，区教育局办公室李晓明主任打来电话告知：明天上午10点将在我们学校召开怡心片区学校疫情防控及开学准备工作调研督导会议，请协和实验小学做好会议安排。每个参会的校（园）长做好发言准备，时间控制在3到5分钟。机关参会人员：区教育局李光纯局长、办公室主任李晓明、普教科科长廖冬梅、宣传外事科万明副科长、应急科魏东共5人。

这次会议我很重视。第一，防疫为先、安全第一，这种督导来不得半点虚假，必须严格，应该确保汇报的每一个数据都真实。第二，履新新学校，教育局局长亲临现场调研督导工作，是压力也是机遇。压力来自对行政团队接待会议能力的考验。会议接待的严谨，也是一所学校品质的体现，这次会议也是机遇。因为，这么多领导同一时间到学校开会，履新校长如果利用好3到5分钟的发言时间，简洁表达出自己履新工作中好的思想和做法，会提高领导和与会同志对你的认可度，对以后工作的开展和学校的发展都是有利的，这就是"先入为主"的道理。所以只有三五分钟的发言，我也要用两个小时的时间去准备，力争做到发言紧扣主题、结构有逻辑，内容谈重点，数据很翔实。

在题为《实施"四心"防疫防控战略，做好"怡心"教育》的工作汇报中，我这样写道。

从1月26日到2月19日，协和实验小学在区教育局和怡心街道的领导下，以科学对待、积极响应的态度，以统筹安排、课程行走的方式，认真落实成都市开学工作指南，实施"四心"防疫防控战略："潜心"领会文件和会议精神，统筹部署延期开学防御工作；"用心"做好集体防控体系，排查访问，确保数据精准，及时填报；"精心"设计"居家"课程，实现师生习惯和能力"双效提升"；"爱心"书信传递真情，防疫期间让学生舒心、家长安心。力争确保开学条件成熟后，能顺利开学。

一、"潜心"领会会议精神，统筹部署延期开学防御工作

2月6日和2月14日，区教育局分别召开了开学工作部署和延期开学教学安排视频工作会，协和实验小学"潜心"领会会议精神，统筹制定了延期开学工作方案。方案制定分两个阶段，一是延期（暂定2月17日至2月29日），以保持平安居家，及时准确掌握全体师生员工的健康信息、居住信息为重点，做到排查精准，居家防疫宣传到位。二是开学（以上级领导部门通知为准），以确保校园平安，不发生传染为重点，做好"两案五制"工作。我们根据四川省教育厅关于加强学校食堂疫情防控的文件精神，召开了食堂开学工作筹备会，制定了开学食堂管理工作预案。梳理了开学流程中的每一个环节，细化到每分钟可能进入多少学生，需要准备多少测温枪，如何预热测温枪，厕所的门帘要取下，防止交叉触摸感染等均做了细致的安排。特别是学校食堂，强化每日两检，使用标准医用口罩，送餐到教室，使用有盖不易碎的饭盒等。我们还积极筹备开学物资，现已多渠道采购了酒精、消毒泡腾片，准备了移动式发热留观点，现有普通口罩约2000个，正通过正规渠道采购标准医用口罩8000个，预计本周到货1000个，3月中旬到货7000个。

为了让方案落地落实，2月16日，学校尝试用腾讯会议App召开了线上第一次全体教师收心会，统一了延期开学不等于延长放假的思想，扎实做好值班值守。为了在疫情期间做到行政管理精细化，我们还制定了协和实

验小学党员干部工作台账行事历日销制度。

二、"用心"做好集体防控体系，排查访问，确保数据精准，及时填报

学校建立了校长、蹲点行政、年级组长、班主任、辅导员集体防控体系。利用现代化手段问卷星的形式，督促师生员工及时填报健康信息网上问卷，及时汇总上报。协和实验小学现有学生2417人，教师130人，员工32人，共2579人。截至今晨没有返蓉的学生总人数为382，其中有302人在成都市以外，有68人在非湖北的外省市，12人还在湖北；返蓉学生正居家防疫，有从10个疫情重点省市返回25人，有从非重点疫情省市及省内地市返回194人，假如2月底开学，他们可以结束14天的居家防疫期。

教职员工162人，有5人因交通原因尚在省内其他地市，其他已回蓉的职工也已严格执行居家观察措施。

三、"精心"设计"居家"课程，实现师生习惯和能力"双效提升"

我们秉承协和实验小学"怡心"教育的思想，坚持"防疫促学"两手抓，开启教师"居家"学习模式，做到专业发展不延期。老师除了要帮助家长们和同学们消除恐慌与焦虑，及时上报各种疫情防控的信息，做好疫情防控工作外，更要提前备课、解读课标和教材；在线学习聆听北师大教授的前沿课程，开拓教师的视野；分组视频研讨，共享读书心得。他们正用自己的方式，为孩子们构建线上开学后更为贴心的课堂。

2月17日至2月29日，学校全面开启学生延期开学"居家"学习模式。在不给家长孩子增加负担压力的前提下，学校课程建设中心反复研讨，围绕健康卫生、社会情怀、习惯培养、学业指导四个方面的精神要求，给学生制定了重在阅读的学业指导和分年级开展的综合实践活动研究型"居家"课程。

这些课程以年级不同、班级不同统筹开发投放，最大限度地发挥学生

"居家"学习的自由性和自主性，将"五育并举"落地、落细、落实。

四、"爱心"书信传递真情，构建"怡心"校园

学校利用公众号等渠道，积极收集疫情防控信息，先后推送了校长公开信两次，疫情防控与居家学习五次。向家长、学生、教职工和公众开展防控宣传，传递正能量，帮助大家自觉做好居家防控，树立了战胜疫情的坚定信心。

在疫情面前，我们始终做到校长和老师们在一起，老师和家长学生始终在一起，从"心"出发，共同抗战，办让孩子舒心、家长"怡心"、领导放心的教育。

第72天 2020年02月20日 星期四

与老师一起听网课

在延期开学教师"居家"课程中,我将北京师范大学基础教育教师在线教学能力提升培训公益项目,以教师"居家"业务能力提升必修课程的形式,投放给了"居家"上班状态的协和实验小学老师们。

信息技术能力的提升,一直是我在考虑的教师专业发展能力提升的必修课。因新型冠状病毒肺炎疫情的蔓延,为保障全国近3亿师生的生命安全和身体健康,教育部日前下发了2020年春季延期开学,鼓励广大师生利用信息化教育资源和平台合理开展线上教学。然而,从传统"面授教学"转到"在线教学",不少教师对于线上教学颇感压力,如何设计在线课程?线上教育教学如何实施?如何把控和提升在线学习效果?一时间,凸显出了提升所有教师信息技术的重要性和迫切性。

虽然我们响应号召,叫老师们不能在线上教学新课,但也要投放一些自录的视频、课程,隔空与孩子线上互动。随之诸多的问题也出来了,面对五花八门的各种平台,怎样选择?很多教育机构将免费课入口从自有平台扩展到了爱奇艺、快手、腾讯、百度,以及学习强国、人民日报客户端、新华网客户端、央视频等众多平台。钉钉、华为、移动、联通、电信等则成为多地教育部门、学校及部分教育机构的合作方。老师们怎样选择这些平台,这是需要引导的。线上投放的"居家"课程,是否符合教育方针和教育规律,体现核心素养和立德树人。老师们线上开展的学生居家期间的习惯养成、健康卫生、人文情怀、学业指导的课程,是否在制作、投放上符合课程改革的走向，符合线上教学的规律，这些也都需要引导和监管。虽然学校也积极给老师们推送了榴莲平台的使用方法，黄军主任也通过视频会对全校老师进行了操作培训，但系统性、科学性以及全面性方面都不尽人意。

正在我处于焦虑状态时，恰好看见了北京师范大学教师在线教学能力提升培训公益项目的微信推送，点击进去仔细一看，这个公益课程项目的目的就是面向全国基础教育一线教师，开展基础教育教师在线教育教学能力提升。开课的时间是2月15日—23日，正是教师"居家"上班时间。课程将通过京师在线平台进行网络直播，并提供直播录像无限次回放支持，蛮快捷和方便的。

课程内容包括：在线教育的基本原理；核心价值观条件下的儿童发展和教育目标的内涵重构；合作学习策略与在线小组学习的组织；常见在线教学模式与工具；在线学习的学情数据分析；疫情之中话教学；在线教学模式、原理与实施；在线教学设计的方法策略；中小学网络课程的设计、开发及案例；线上线下混合式学习设计；混合式理念下的项目式学习。一共13个主题，涉及线上教学的学理分析、技术指导、案例分析、教学设计……并且授课专家团队阵容强大，有北京师范大学教授、博士生导师及副校长，中国教育发展战略学会常务理事，互联网教育智能技术与应用国家工程实验室技术委员会主任等。

这么好的教师课程资源，我想一定要好好利用。平时为了提升教师的专业素养与能力，千里迢迢外派老师出去学习，今天居家，就能学习到这样好的课程，我要求学校教师发展中心好好安排，在不增加老师负担的情况下尽量参与学习。尽管学校通过工作群发送了线上学习的要求，也提出了课程学习后的评价。但总归我们始终在要求"老师们要做什么"，而不是"他们主动想做什么"，怎么变"被动"为"主动"呢？

我想一定要和老师们在一起，和他们一起听网课。于是，我每天都会提前5分钟把当天上课的时间和主题发在学校微信生活群，用一些温馨的语言进行提示，并给大家送上几朵玫瑰花。老师当中总有善于学习、积极上进的老师，他们在开课后时不时会截一些听课的视频图片分享在群里，作为校长的我也时不时回应他们关于听课的心得和感悟，三言两语，与大家共情。就这样一来二去，群里回应的老师多了起来，交流的图片也丰富了很多。本来很担忧老师们居家会消极对待线上的培训，可现在他们却成了学习的主动者和交流者。虽然我们也许达不到百分之百的参加率，但至少我们已形成了网上学习的一股清风，在不久的将来，这种学习就会成为一种常态。

第73天 2020年02月21日 星期五

项目式推进工作是最好的放权

我在与刘勇副校长的交流过程中,他对"省级大比武"一师一优课的录制颇为焦虑。

焦虑一:时间超短。四川省教学大比武,是2019年12月11日收到的文件,根据网站的最新提示,截止时间为2020年3月15日。按现在延期开学大概到2月底来算,老师们上班后准备的时间只有两周。

焦虑二:推动艰难。根据要求,学校参赛率应大于35%才达标,而我校目前45岁(含)以下且有3年以上教学经验的教师有50来人,45岁以下人员(含新入职)都要去参赛,现在学校上交的课只有25节,如果这段时间教师居家在家,不好好准备(要做到资料完整:设计、资源、实录一样都不少),离开学这么短的时间,效果就达不到最好。

怎样支持刘校在疫情防御"教师居家"期间能强有力地推动这项工作呢?我打电话给了他以下几条建议:(1)做一个方案,形成协和实验小学组织开展省市教学大比武的工作方案,方案当中要讲清楚工作的目的、意义、工作的要求(时间、内容、质量等)以及评价的方式。(2)开一个协调会。一师一优课的教学设计,录制效果,审核,上传都需要指导督导,应召集相关部门做好服务工作,明确此项目中的责任与义务。这项工作以项目式推进,刘校长就是这个项目的第一责任人,在经费预算通过的情况下,刘校就全权处理这件事情,不用再向校长汇报细节,实施扁平化的管理,提高工作效率。

有了这样的沟通，我听到了电话那头刘副校长的轻松和愉快。有些时候不是行政不做事，而是我们校长不放权，他们有思想有方法，却不能自由地伸展拳脚。

下午，我就在学校微信工作群上看到了刘校相关的工作安排，老师们也积极行动了起来，期待这次省级教学大比武在刘校的带领下老师们取得优异成绩。

第74天　2020年02月22日　星期六

碰撞新学期的特色重点工作

没有接到上级通知开学的具体时间，但总有一种紧迫感，在开学之前一定要和各个部门的负责人沟通，梳理他们每个部门的常规工作和这学期的特色重点工作。否则，一旦开学，眉毛胡子一把抓，既会有工作的疏漏，也形成不了工作的特色。所以我决定从今天开始，每天邀约一个部门的行政人员到学校与我交流开学工作的规划。

今天邀约的是教务处副主任高华群，她是人文与语言课程处的负责人，负责语文和英语学科的教育教学指导督导考核工作。

为什么第一个与她交流？因为协和实验小学是较大规模的学校，2417个学生，50个班，有50个语文老师和6个英语教师。语言课程处老师总数为56人，占全校130个老师的比例的43%左右。新学期，高华群怎样去引领老师专业成长，具体的抓手是什么，需要我怎样的支持和帮助？我得听听她的困难和需求，做好服务工作。

华群提出第一个问题，下学期阅读教学怎样做深入做出特色，这个问题和我的想法不谋而合。

我重视阅读有几点原因。一是读书明理明智，阅读确实能改变一个人的思维。我当校长的十年，每一个阶段的突破都有一本书给予我指引。二是阅读工作是学校课程考核的必检项目，我想借此机会在新学校构建一个科学的"立体式"阅读体系，把学校建成一所真正的"学习型"校园。

今天，我也邀请了谢建萍老师到校研讨，以及一年级语文老师杜芊和四年级语文教师王雯参加研讨会。从早上9点到12点，3个小时的研讨，我们探讨了阅读的四个特色工作：阅读活动课程化，阅读教学导学案设计模块化，整书阅读课程课例化，跨界阅读教研常态化。我们一致认为，阅读的深入在课堂，需要从这几个维度做好教师的培训工作。

  走出校门已是下午6点。迎着早春还有一丝寒意的凉风，虽然戴着口罩，却已嗅到初春的气息……

第75天　2020年02月23日　星期日

新学期工作计划的制订

今天,我邀约谈话的是学校党政办叶丽娟主任。

作为党政办主任,她和我接触得最多,履新新学校,对我这个新校长照顾得也最多。这个年轻的干部做事特认真,性格好,不温不火,不急不躁;虚心,不懂总是要问,努力把工作做得规范;统筹能力比较强,交给她的事情,总是记在小本子上,能按时协调各个部门完成。

临近开学,我交给她一个任务,统筹学校各个部门工作,形成学校工作计划和学校新学期校历。丽娟很认真,疫情期间我到学校值班,总看见她在学校加班写计划,但是,写得不是很顺利。

我知道她是方法没对,要写全校的工作计划,第一步应该与主要部门的行政人员沟通,了解每个部门的工作性质、职责、常规工作,然后按照学校的学年发展目标,在协商的基础上,规划学校各部门的重点特色工作。这个计划不是一个人写,而是多个部门一起写。在写的过程中包含了调研、交流、沟通、请示、确定。前几天,我没过问丽娟,我想让年轻人先经历这个痛苦的过程,再给予她方法,她才会成长。她如期交给我初稿,我看后确实有诸多地方需要指导她。于是,今天我召集了教务处黄军、教师发展中心的樊小娟主任、学生发展中心胡涛主任、党政办兼宣传外事合作科徐蕖副主任参与了学校工作计划的协商和研讨。

大家按照两个方面来谈:第一,自己部门的常规工作有哪些。第二,本学期的重点创新特色1~2项工作是什么。从下午2点到5点,大家各抒己见，很快就开学的工作内容进行了梳理和沟通。最后，确定了学校下学期计划内容的四个方面。

（1）学校概况（学校简介）。

（2）学校发展目标（高品质发展）。

（3）学校工作计划六个精细化的工作路径：行政管理精细化、德育管理精细化、教学管理精细化、队伍管理精细化、安全管理精细化、后勤管理精细化。

（4）形成学校学期校历表。

其实，行政部门的学期工作沟通会，就是行政干部管理提升课程。我想年轻的干部要越来越成熟，越来越能干，就需要校长和骨干教师的关爱和指导，与他们共同成长。

第76天　2020年02月24日　星期一

一个孩子都不落下

履新新的学校,单独接待的家长不多。但,有两个家庭总让我牵挂。

第一个家庭,孩子上四年级。所有认识他的老师都叹气这个孩子难教、家长难缠。孩子确实是个"问题孩子"。班主任告诉我,这个孩子总做出一些让人捉摸不透的事情,比如,上课期间莫名地大叫,并且有暴力倾向,爱招惹别的同学,个别家长已有了意见。可是,这个孩子的家长总认为老师不关心孩子,会隔三岔五地给教育局打电话,状告班主任,班主任在我的面前也委屈得直哭。

面对这样的孩子,我的第一反应是对这个孩子以及这个家庭感到同情,因为谁不希望孩子听话可爱;第二,我也担心班上其他孩子受到干扰,影响到身心健康;第三,班主任很辛苦,如果得不到学校的支持,家长的认可,她也会非常委屈和无奈,会挫伤她工作的幸福感和热情。

为了获得更真实的情况,我把这个孩子和父母邀请到了办公室面谈。孩子确实与平常的孩子不同,一进我办公室就坐不住,到处翻我的东西,父母赶快呵斥,我阻止了他们。我给了一盒糖给孩子,孩子才安静下来。与家长的交流很顺畅,孩子的爸爸在谈到孩子的点点滴滴时,几度哽咽,看得出为孩子的成长他也心力交瘁。

第二个家庭,孩子上二年级。在寒假期间,孩子的父母给我打了三次电话,希望我同意她的孩子留级。我很好奇,什么原因让孩子的父母产生这样的决定,孩子才二年级,生病了吗?还是有其他的原因。为了了解真实的情况，我也约见了这个家庭。孩子爸爸是公务员，妈妈为了带孩子做了全职母亲，孩子因为动过几次大型手术而影响了智力，8岁的儿童相当于5岁孩子的智商。因为发育缺陷，没有小朋友愿意与她玩，她很孤独，产生了厌学情绪，这使得父母很焦虑与痛苦。

面对这两个家庭，除了不断地鼓励孩子的父母，我还在想怎样切实帮助孩子和家庭。

对，学校不是有随班就读的机构吗？随班就读是指特殊儿童在普通教育机构中和普通儿童一起接受教育的一种教育形式。对随班就读的学生除了按普通教育的基本要求教育外，还要针对随读生的特殊要求提供有针对性的特殊教育和服务，对他们进行必要的康复和补偿训练，努力使他们和其他正常学生一样学会做人、学会求知、学会创造等，以便使这些孩子能够更好地融入社会，开发他们的潜能。

今天24日了，虽然还在疫情期间，我想提前做好随班就读的环境创设、师资队伍建设、工作规划，给这些需要帮助的孩子，建立一个班级以外的"怡心"的乐园。于是，今天我与德育处的胡涛主任、翁源主任、随班就读的蒲华蓉老师商讨了这项工作，也邀请了双华小学负责随班就读工作的赵年慧老师到校指导。

大家在充满正能量的谈话中，感受到了这份工作的意义。今天的天，特别晴朗，我们的心，也随之明朗了起来。

第77天 2020年02月25日 星期二

一场关于"学校文化"定位的辩论赛

学校文化的价值定位,不是校长一个人的思想,但校长要提前思考,有了一定的思考,就要收集来自一线老师的意见,并且征求广大家长的参与,听取专家和领导的建议,最后形成共识。

前面的"四部曲"走完之后,今天学校就邀请了学校全体行政人员、年级组长和后备干部共32个学校老师,以及具有丰富校园文化创设经验的马昕老师,全国名优小学校整书课程课例化项目负责人谢建萍老师友情参与学校文化第二次研讨会。

会议的每个参与者,都处于兴奋和激动当中,灵感在激烈的辩论中迸发,思想在逗趣欢笑中产生。这次文化的"寻根"之旅,让我看到了学校行政个体的魅力和智慧,团队的民主与和谐,学术研究的良好风气。

围绕学校文化建设,我们具体谈论了以下内容:

夏雪梅:今天,为什么召集所有行政和年轻干部?我们要一起讨论几个问题:文化是什么?文化的价值取向是什么?一个学校办学,首先要明白培养什么人?前任陈静校长在建校时提出"让每个孩子绽放生命的精彩"。今天,我们怎样去传承,明白我们要培养什么样的人,为以后的教育明确方向。我们之前做了大量的调查研究,问卷也发放给了老师和家长。今天我们通过讨论,期待形成独特且适切的学校文化。

马昕:各位老师,今天特殊的时期召开这样的会议,很新鲜,大家都戴上了口罩。但这不影响我们进行文化建设的深度交流。开讲之前，我们安排了一个特殊的环节，希望大家辩一辩，教育的核心价值主张和文化主张是什么。经过案例分析研讨，其他学校大多有自己的主张，在历史文化中有所传承。但是我们目前只有"让每个生命绽放精彩"这样的一句话，学校有怎样的教育思想和核心主张？这都不够明晰。学校的文化主题，在老师的调查问卷中，支持"怡心教育"的较多，然而，什么是"怡心教育"？我们想表达什么？传达给别人什么？围绕这个主题我们要做什么？

前期，想听听大家的思考，"怡心教育"是什么？支持和反对的理由分别是什么？"怡心教育"如何定位？教育主张、教师观、学生观是什么？

接下来进入辩论环节。

正方辩手：徐蘷、汪抗战、杨园、翁源。

反方辩手：刘勇、高华群、黄军、袁乙洁。

正方一辩汪抗战："怡心教育"和湖文化可以成立，比较符合学校实际。有两点原因：第一，文化是通过一定的载体来实现教育目标、教育理念，"怡心教育"是对办学理念和办学目标的高度概括。第二，根据命名的确定，结合历史传承和地域，更容易让人理解和接受。我查过"怡"的意义，可以理解为"怡"学生之心，"怡"教师之心，"怡"家长之心。让大家都愉悦，都快乐。这和教学方向契合，反映了我们的办学理念。另外，"怡心"是我们街道的名字，有很强的辨识度。"怡心湖"也是结合了地域，湖的特点和我们要发展的学生品质适切。湖，澄澈透明，可以理解为学生的纯真美好，心胸宽广。

反方一辩黄军：我们对正方的意见有赞同之处，但是，对湖文化的

"湖"字存有意见，既然我们在找文化，文化是要寻根的，湖的本意，在《说文解字》中，"湖"，大陂也。水旁长满了胡子一样的水草。湖，指陆地上大片的积水。湖是死的，缺乏灵动性。这是我们首先对"湖"本意的界定。学校办学是要面向社会的，普通民众，如果用四川话表示"湖"，语音不太好听，表达出做事失败的含义。

正方二辩杨园：十年靠制度，百年靠文化。文化，是在长期的教育发展过程中形成的。但是，我校建校历史较短，关于湖文化，一是区域地理的湖文化，我们学校地理位置处于怡心湖所在地，一方水土养一方人，这是立足本土资源文化的必然选择，也是创造校园文化建设的新方向。二是从湖水方面理解，湖水一样是灵动的，能代表活泼的学生。湖水，相比波涛汹涌的河水、海水，反而显得安静，像极了润物无声的教育。

反方二辩高华群：如果我们定位为湖文化，和水文化的区别点在哪里？

正方三辩翁源：我作为美术老师，谈一些与美术相关的湖，中国画家以湖为主题创作了不少画作。以湖作为载体，我们美术课可以开展中国画的课程。

然后是自由辩论阶段。

黄军：我从大家的发言中，理解"湖"可以作为美好的释意，我们中国有两大名校：清华和北大。北大未名湖，为什么北大不用"湖"来说他们学校呢？因为他不能"糊"。

杨园：我们不能因为别人不使用就不用。

黄军：从古至今，古代皇帝都避讳，"湖"是讳。

反方三辩袁乙洁：美术学科可以做到延伸，但对语数学科应该如何延伸呢？我们根据"湖"命名文化，但其实学校离"怡心湖"还是比较远。并且，"怡心湖"不过是政府规划的新区域罢了，跟学校联系不够紧密。

反方高宇补充：正方二辩说的因地制宜。依据"怡心湖"命名学校的湖文化。大家是否了解"怡心湖"？"怡心湖"总占地2100亩，水域面积500亩。城市建设规划12000亩，作为商业开发地，追溯城市发展，不过是一个商业品牌而已。追寻其生态内涵几乎没有，且怡心湖太小。我查到的资料显示，曾有学校以湖命名，但是他们学校附近是中国第五大淡水湖，那样的湖才有足够多的文化底蕴，让学校使用湖文化去传承。"怡心湖"过小，没有太多够我们利用的文化，没有相应的故事和传说，让学生和老师去铭记。精神文化是目的，物质文化是承载的载体。在我看来，"怡心湖"不过只是能带来商业利益的湖而已，真正能够用来建立文化的"湖"应该是，靠湖生存，以湖传承。这才是真正的"湖文化"。仅针对"怡心湖"而言，没有我们可传承的价值。

正方沈柯补充：四川话对"湖"的理解，应该是一种偏见。现在主张人人都说普通话，刚刚对方辩友强调的四川话中的"湖"，是与学生发展，社会发展相对的。

反方黄军反驳：水的境界是包容。但是，我们通常说的是海，海纳百川，而不是湖。全国在推行普通话，但是我们依旧要尊重地方语言文化，用语习惯。我们对外可以说普通话，但是对于中老年人群而言，他们容易想到的还是四川话中"湖"的含义。

正方徐藁总结：感谢大家的讨论，任何事物都具有两面性，关键是我们怎么看，怎么用？两湖文化，从大的地域上来说，是成立的，真正意义上的湖，青海湖、洞庭湖、未名湖……湖文化是成立的。刚刚反方说到的《说文解字》，浸，河川池泽赖以灌溉的洪汛。这个湖就变身浸润的湖。《周礼》中，农耕文化古人蓄水作为湖，湖不是拿来欣赏的，是有作用的，帮助我们进行生产的，与我们的生产息息相关。《汉书》，但凡古人家里有钱的都会挖湖，让家里活起来，有美景观景的作用，从湖本身寓意着并没有错，都是积极向上的。为什么说这个湖？我们靠近"怡心湖"，就是地方文化，离我们最近，这就是名片，我们要做的就是在这个名片上做到实处，做属于我们的文化。借力打力，借助怡心街办的发展，成就我们的学校。我们不需要纠结这个发音，可以通过阐述，做更详细的诠释。"怡心教育"的"湖文化"是有所支撑，可以发展的。

反方刘校结辩：辩论会不是为了辩论而辩论，这是一个建设性的讨论会。我们这个学校是公立学校，国家出钱，有明确的要求。义务学校管理四个原则：一是以人为本，全面发展；二是促进公平，提高质量；三是和谐美丽，充满活力；四是依法办学，科学治理。我们今天辩论就是为了科学治理。"怡心"这个概念不应该是领导决定的，而是通过采纳民众意见，怡心就是舒适，符合中国梦的原则，让每个人都享受社会建设的成就。对"湖文化"的概念，我是反对的，因为这个"湖"太小了，太浅了，它撑不起船，也扬不起帆。川师大的"蜀"文化，一年级蜀美食，二年级蜀画，学校的文化载体，一定不要小气。双流有一个棠湖公园，棠湖中学靠棠湖公园而建，他们的文化既没有"棠"也没有"湖"。明湖，澄湖的概念，家长不易理解，且容易曲解，因此，最好不用。学校对教育理念的梳理，一是应该坚持以人民为中心，突出以人为本的观点；二是把师生放在第一位。

马昕老师：刚才辩论会的形式，让我们越辩越明。正反方都提出了自己的主张，后面我们应该怎么去做，是需要进一步考虑的。刚才正反方都没有质疑"怡心教育"的概念。但是，湖文化的分歧很大，到底是对是错。我觉得"湖"的象征物是否合适，"湖"能否传达教育的核心概念，是需要考虑的。一是本身的含义，湖本身是地理现象，包含原有的概念，从中提炼出教育想表达的概念，进而把教育愿景附着在文化象征物上，当然负面影响也是需要我们考虑的。任何事物都有好的也有坏的，我们要选择，不变的是教育究竟要传达什么东西。

夏雪梅总结：其实我们教育就是传道授业解惑。老师要做澄湖教师，老师首先要明。我们通过辩越来越明，知道我们要培养什么样的学生。感谢辩手们博古论今、各抒己见，背后的你们是朋友，这是良好的研究风气。辩论不是谁打败谁，这是一次宝贵的建设性意见。

今天的辩论是为了找准魂，我们定不定"明湖学生""澄湖学校"的建设目标，这不是最终目的。至少我们今天知道了，协和实验小学要培养什么样的学生。五育并举，德智体美劳，我们协和实验小学的孩子未来走出去，要有不同的特质：心地纯良，赏心悦目的，他们像湖水一样，至少衣服是干净的，绝对不是邋遢的。这次疫情的大背景下，开学就应该是卫生教育。课堂，是灵动的。文化要讲究诉求，这个诉求来自什么？向上看：立德树人、核心素养、教师队伍培养、深度推进教育教学改革文件。我们在培养"德智体美劳"普世性的理念下，培养心地纯善、内心灵透、赏心悦目的现代儿童。

第78天 2020年02月26日 星期三

街道帮助学校解决问题

因为疫情，具体的开学时间还未确定。但随着疫情的缓解，3月脚步的到来，学校也在紧锣密鼓地谋划孩子们返校的所有细节工作。比如，上学放学时段怎么做，学生课间怎么做，午餐怎么吃，是否需要交通管制，这一系列问题亟待解决，学校需要地方政府的支持。

正当我们准备到相关部门汇报工作时，怡心街办的教育干事魏老师发来信息，通知我们26号上午9点半到怡心街道，参加开学工作准备会，要求带上学校"两案九制"的资料，并汇报开学工作准备情况，尤其是校（园）管理方面，放学组织管理的具体措施，以及需要街道帮助解决的问题。在学校开学之际，能得到当地政府的关心和问候是一件让人感到暖心的事。

会上，怡心街办的李德文主任、罗晓梅主任、韩毅主任、刘冲主任和交警队邓刚队长就开学工作了解了我们每个学校的准备情况和困难。我们的问题聚焦在两点：一是怎样在上学时段和放学时段杜绝家长群聚的风险，二是口罩和体温枪等物资的短缺问题。

为了解决这些问题，一系列的措施在研讨中产生，一个个焦灼的问题在头脑风暴下豁然开朗。比如，高年级的孩子自己结伴回家，建立"自行回家小分队"，既锻炼自己的自理能力，又避免了家长群聚的风险；低年级孩子划分家长接送区域，避免家长扎堆；把接送点划到地域开阔的地方，告知家长遵守规定；交警队在放学时间点实行交通管制，确保孩子交通安全……

面对所有人从没经历过的疫情，我想这也是一次教育孩子和家长遵守规则的绝好契机。

第79天　2020年02月27日　星期四

好措施需要真落实

　　好措施需要真落实。2月25日，国务院应对新型冠状病毒肺炎疫情联防联控机制印发了《关于依法科学精准做好新冠肺炎疫情防控工作的通知》，提出要落实院校防控责任。通知强调，各地根据疫情发展情况确定开学时间，严禁学生提前返校。院校开学前做好预案和监测设备准备、隔离空间预备、环境卫生改善等工作。并指出，开学后学校医务室加强监测，对来自疫情防控重点地区和与确诊病人有过接触以及有相应症状的学生，采取单独隔离措施。开展"晨午晚检"，实行"日报告""零报告"制度，加强因病缺勤管理，对因病缺勤学生和教职员工及时追访和上报。校园实行封闭管理，禁止校外人员进入，不组织大型集体活动。

　　我仔细研读了《中小学校新冠肺炎防控技术方案》，方案从三个维度详细介绍了学校开学前，学校开学后，出现疑似感染症状应急处置的防控技术操作流程与细节。我如获珍宝，并作为开学的工作指南，分享给大家。

［中小学校开学前］

　　1.学校每日掌握教职员工及学生健康情况，实行"日报告""零报告"制度，并向主管部门报告。

　　2.学校对全体教职员工开展防控制度、个人防护与消毒等知识和技能培训。

3.开学前对学校进行彻底清洁,对物体表面进行预防性消毒处理,教室开窗通风。

4.所有外出或外地的教职员工和学生,返回居住地后应当居家隔离14天后方可返校。

5.做好洗手液、手消毒剂、口罩、手套、消毒剂等防控物资的储备。

6.设立(临时)隔离室,位置相对独立,以备人员出现发热等症状时立即进行暂时隔离。

7.制定疫情防控应急预案,制度明确,责任到人,并进行培训、演练,校长是本单位疫情防控第一责任人。

[中小学校开学后]

8.每日掌握教职员工及学生健康情况,加强对学生及教职员工的晨检、午检工作,实行"日报告""零报告"制度,并向主管部门报告。

9.妥善保管消毒剂,标识明确,避免误食或灼伤。实施消毒处理时,操作人员应当采取有效防护措施。

10.各类生活、学习、工作场所(如教室、宿舍、图书馆、学生实验室、体育活动场所、餐厅、教师办公室、洗手间等)加强通风换气。每日通风不少于3次,每次不少于30分钟。课间尽量开窗通风,也可采用机械排风。如使用空调,应当保证空调系统供风安全,保证充足的新风输入,所有排风直接排到室外。

11.加强物体表面清洁消毒。应当保持教室、宿舍、图书馆、餐厅等场所环境整洁卫生,每天定期消毒并记录。对门把手、水龙头、楼梯扶手、宿舍床围栏、室内健身器材等高频接触表面,可用有效氯250~500mg/L的含氯消毒剂进行擦拭,也可采用消毒湿巾进行擦拭。

12.加强餐(饮)具的清洁消毒,餐(饮)具应当一人一具一用一消毒,建议学生自带餐具。餐(饮)具去残渣、清洗后,煮沸或流通蒸汽消毒15分钟；或采用热力消毒柜等消毒方式；或采用有效氯250mg/L的含氯消毒剂浸泡30分钟，消毒后应当将残留消毒剂冲净。

13.卫生洁具可用有效氯500mg/L的含氯消毒剂浸泡或擦拭消毒，作用30分钟后，清水冲洗干净。

14.确保学校洗手设施运行正常，中小学校每40~45人设一个洗手盆或0.6m长盥洗槽，并备有洗手液、肥皂等，配备速干手消毒剂，有条件时可配备感应式手消毒设施。

15.加强垃圾分类管理，及时收集清运，并做好垃圾盛装容器的清洁，可用有效氯500mg/L的含氯消毒剂定期对其进行消毒处理。

16.建议教师授课时佩戴医用口罩。

17.严格落实教职员工及学生手卫生措施。餐前、便前便后、接触垃圾后、外出归来、使用体育器材后、使用学校电脑等公用物品后、接触动物后、触摸眼睛等"易感"部位之前、接触污染物品之后，均要洗手。洗手时应当采用洗手液或肥皂，在流动水下按照正确洗手法彻底洗净双手，也可使用速干手消毒剂揉搓双手。

18.加强因病缺勤管理。做好缺勤、早退、请假记录，对因病缺勤的教职员工和学生及时追访和上报。

19.不应组织大型集体活动。

20.对教职员工、学生和家长开展个人防护与消毒等防控知识宣传和指导。示范学生正确的洗手方法，培养学生养成良好卫生习惯，咳嗽、打喷嚏时用纸巾、衣袖遮挡口鼻。

[出现疑似感染症状应急处置]

21.教职员工如出现发热、干咳、乏力、鼻塞、流涕、咽痛、腹泻等症状，应当立即上报学校负责人，并及时按规定去定点医院就医。尽量避免乘坐公交、地铁等公共交通工具，前往医院路上和在医院内应当全程佩戴医用外科口罩（或其他更高级别的口罩）。

22.学生如出现发热、干咳、乏力、鼻塞、流涕、咽痛、腹泻等症状，应当及时向学校反馈并采取相应措施。

23.教职员工或学生中如出现新冠肺炎疑似病例，应当立即向辖区疾病预防控制部门报告，并配合相关部门做好密切接触者的管理。

24.对共同生活、学习的一般接触者进行风险告知，如出现发热、干咳等疑似症状时及时就医。

25.专人负责与接受隔离的教职员工或学生的家长联系，掌握其健康状况。

认真阅读这25条后，感觉这个通知对疫情防控处置措施流程很具体，对于我们一线教育工作者很有指导意义。怎样让这个方案落地生根，不打折扣，学校决定召开协和实验小学第三次疫情防控开学工作会。

会前，我思考并起草了必须落实行动的几个问题。

一、形成协和实验小学开学前后"爱国卫生"行动详案

（一）人人知晓行动方案。

（二）梳理制度，并形成相应的过程督查表册。

1."日报告"和"零报告"制度及表册1份。

2.形成协和实验小学教师防控制度、个人防护配图指南、消毒知识配图指南3张示意图，张贴在办公室。

3.形成清洁、消毒、开窗通风过程记载表1册，挂在食堂（汪抗战、许阳落实）、教室和办公室（胡涛、翁源落实）、厕所和学校外环境（汪抗战落实）、功能室、会议厅和行政楼（袁乙洁、刘光笃、高宇落实）、食堂（许阳落实）、门卫室（袁乙洁落实）。于正式开学前两天开始

实施。

4. 形成物资储备领取登记制度，形成储备物资入库登记册1册，出库登记册1册，并挂在墙上。

5. 防止家长聚集。形成上学放学时段家长怎样接送孩子，怎样上学放学的具体措施，确定时间、地域划分点，组建"路队小组护卫队"等。

6. 减少学生聚集。在不做课间操，不做眼保健操的情况下，调整作息时间。

7. 午餐管理措施。午餐是感染高风险时段，怎样做到错峰用餐，鸦雀无声吃饭，自带餐具自理整洁，要做怎样的培训。

8. 每天消毒、通风，测量体温几次，谁完成。课间孩子上厕所，怎样组织。

9. 怎样做好家长学生老师的培训宣传工作，要求各班召开班级视频会。

10. 营造防疫防控爱国卫生文化氛围。制度、流程、示意图上墙。做好功能室、办公室的文化建设，建好宣传阵地。

因为有会前思考，会上，我带着行政人员们一边解读通知精神，一边和行政人员开动脑筋，积极献策，达成一致共识，形成了协和实验小学开学前后"爱国卫生"行动详案。

二、第二阶段延期开学的"居家课程"的设置

第一阶段"居家"学习时间是2月17日到2月29日，第二阶段"居家"学习时间是3月1日到3月15日。

我们又在思考要给学生和老师投放怎么样的课程，让学生"停课不停

学",让家长"配合不焦虑",让老师"投入没负担"呢?下午,我们召开了课程处及部分老师代表的工作研讨交流会,很久没有上班的老师们很热情,讨论激烈,智慧迸发,很快就研究出了1至6年级的"居家"学习指导意见。做到了"六有":有平台、有课程、有课表、有指导、有交流、有评价。

  好措施需要真落实。我们决定明天通过腾讯会议平台,召开全校老师第二阶段延期开学工作部署会,做到人人知晓,人人行动起来。

第80天 2020年02月28日 星期五

对中层干部的管理要学会放手

今天协和实验小学全体教师第二次视频会开得非常顺利，我"居家"全程线上参与。

会议由刘勇副校长主持，刘勇副校长就昨天行政会研究的延期开学工作要求对全校老师进行了传达。教导处黄军主任代表课程建设中心，详细解读了学生"居家"课程的投放前、投放中、投放后的具体要求。教师发展中心兼数学与思维课程处樊小娟主任，以Word文档的形式总结了延期开学第一阶段教师居家防疫提升学习课程，投放了延期开学教师居家防疫提升学习第二阶段课程，并以案例的形式给老师们投放了北师大一年级数学下册《买铅笔》的预习任务单。人文与语言课程处高华群主任投放了延期开学居家课程语文学科建议，然后德育处胡涛和翁源主任做了"做好当下，静待花开"协和实验小学疫情防控德育活动课程第一阶段总结，并对近期老师分批进校开展"爱国卫生运动"提出了卫生标准，安全处的袁乙洁主任对全体老师进行了个人防护和消毒知识的培训。

这次会议，我退到了幕后。因为昨天已在第三次疫情防控开学工作会上给每个部门的工作做了相应的指导，我相信这些年轻干部独当一面的能力。在适当的时候，校长对中层干部的管理要学会放手，给他们方向和方法后，就要提供平台，让他们去施展、去实践，去体会行动过后获得认可的幸福感以及能力提升的快乐感，从而坚定自己的责任与担当。

因为会前每位行政人员准备得都很充分，会中又表述得清楚，会议干净利落，老师们也非常满意。会后，我及时在学校微信生活群留言：祝贺我们协和实验小学第二次视频会圆满结束，所有老师们辛苦了！希望老师们按照今天的会议精神，做好3月1日至3月15日第二阶段的"居家"延期开学的课程准备工作，不打折扣。我们比比哪些学科，哪些年级做得好。另外，我会在今天写第三封信给家长们。大家行动起来，为我们协和实验小学的"怡心教育"做出自己的应有贡献，拜托大家了。

第81天 2020年02月29日 星期六

写给家长和孩子的第三封信

延期开学还将继续，站在家长的角度着想，心里肯定是焦灼不安的。有些家长面临着复工，如果把活泼爱动的孩子独自丢在家里会有怎样的麻烦，不难想象。如何使居家学习让家长放心，这是每一个校长在特殊时期都应该思考的问题。

今天是2月29日，第一阶段延期开学已结束，我给家长和孩子们写了第三封信。

亲爱的家长朋友们，随着四川将疫情等级降为二级，校长妈妈想见孩子们的心，和家长们希望开学返校的心情一样迫切。但是，战"疫"结束的号角吹响之前，我们一刻也不能放松。日前，国务院应对新型冠状病毒肺炎疫情联防联控机制印发《关于依法科学精准做好新冠肺炎疫情防控工作的通知》。从通知中，家长们可以看到国家对于学校防疫工作、开学工作的高度重视和科学指导。所以，家长们别心急，上级部门还未通知开学，孩子们延期居家学习还将继续。学校已经安排好了3月1日至3月15日延期开学居家课程。各班老师会在正式开课之前，召开班级家长视频会，届时会把具体安排给大家讲清楚，希望家长们积极配合老师，做好这段时间孩子们的居家学习安排。协和实小的孩子们，校长妈妈和老师们想见你们，静待春风拂面、桃李花开，我们一起在学校里等着你们！

孩子们第二阶段的居家学习，同时也是居家"上班"状态的每一个老师应该有所作为的时刻。召开视频家长会，线上学习单的设计投放，录制微课、线上答疑……每一项工作都带有技术技能的考验。我从老师的对话记录中看出好多老师还操作不来视频会议。为了做好老师们的服务与支持工作，帮助他们克服困难，提高他们网课操作水平，黄军、胡涛等行政干部不断地在群上教老师，鼓励老师们用QQ视频、腾讯视频等软件上课和召开家长会；樊小娟主任还以一年级数学学科为例，给全校老师做了一个一年级数学居家学习第二阶段课程安排模版。

我想，疫情过后，原本推动艰难的教育信息化工作定会有质的飞跃，不仅是老师和家长的信息化素养会得到加强，我们的行政干部的服务意识也将更强！

第82天　2020年03月01日　星期日

余生，请让我好好爱你

在2020年元旦节，我把自己和女儿华夏一起合著的《从20岁开始》以新年礼物的方式，送给了全校老师，人手一本。

为什么有这种想法呢？这要追溯到我刚履新学校的第二周，学校的大队辅导员王娟老师找到我，提出她下学期不当行政了。因为她的儿子在我们学校读六年级，孩子有点逆反，作为单亲妈妈的她，想把更多的精力放在儿子身上，在交流中我看到了王娟老师的焦灼和辛苦。在儿子成长的特殊时段，父母舍弃自己的工作去关心和帮助孩子无可厚非，我内心虽同意，但没立即答应。因为根据从事多年教育工作的经验，孩子成长出现问题，不仅仅是父母陪伴得少的原因，也许还和与孩子相处的方式、不了解孩子的心理、父母在孩子心目中缺乏尊严等都有关系。我想真心地帮助王娟老师，于是我把自己和女儿合著的《从20岁开始》送给她一本，叫她抽空看看，看后与我交流。

三天以后，王娟老师给我发来一个信息。

星期四那天，夏校长送了我一本书——《从20岁开始》，是她和女儿77天的书信对话。她说我目前的困惑也许能从书中得到启示。捧着书，我便被封面那个洋溢着阳光般灿烂的笑脸吸引了，多想知道这是一个怎样的女孩子。

女儿坚持以书信的方式与妈妈对话，无所不谈，友情、亲情、爱情、喜悦、困惑……而妈妈不管多忙多累，都及时回复，有时是凌晨两点，有时是早上5点多，好有爱的妈妈，好幸福的女儿。

最近我的压力特别大,像被几座大山压着。儿子面临小升初,学习成绩堪忧,还没有本地户口,我操心他的学习,操心他的升学问题,还要操心他的日常生活,感觉负担太重,身体都出现了问题,这两周老是出现头晕,一阵一阵的眩晕。工作方面,周末一直在上舞蹈课,今年评新优质学校,暑假从8月21号就开始加班,从8月21号到9月30号,连续工作41天,只在国庆休了3天,接着,4~7号加班做新优质学校的资料,然后从10月8号到今天,连续上班82天,没有休过假。一个人的时间和精力是有限的,我不知道是不是应该在现在做的事情中做些取舍。总是说自己像个陀螺,一直这样长时间地连轴转。今天在夏校的书里也发现了陀螺这个词,而且陀螺也可以是很棒的陀螺,陀螺也可以转得不知疲倦、转得如痴如醉。夏校写给女儿的20岁生日祝福"只有懂得生活的人,才能领略鲜花的娇艳。只有懂得感恩的人,才能领略到心中的芬芳"。我不要再懵头做一只胡乱转的陀螺,我也要适时带着儿子看看电影,打打羽毛球。我不应该抱怨工作有多累,而要感恩获得了工作的机会。不应该把工作当成被迫谋生,而应该把工作做得有意义。不应该总怪儿子这不好那不好,是我还不够优秀,没有浸润他的思想。

夏校送我的这本书,平凡中带着令人深省的独特。一个20岁的大学生,参加了那么多比赛,那么多活动,乐此不疲地忙着、挑战着。而妈妈回应说,做事就是学本事。我很喜欢这句话,立即把它备注在手机里,每天都能看看,"做事就是学本事"这句话,也会要求自己去践行,相信做多少事就会长多少本事。

我也及时给娟娟老师回应:我和女儿的书能给您带来帮助,是我最大的心愿。看了您的书评,我感受到您也是一位好妈妈,但一定要注意调整,让所有的付出轻松一点,幸福一点。相信孩子和您会越来越好。

周一,我邀请了娟娟老师和她六年级的儿子到我办公室做客。在温馨随意的氛围中，我表扬了娟娟老师为学校大队部工作所做出的贡献。从孩子的眼中，看到了他对妈妈重新认识的崇拜目光。我也趁机问孩子学习上的困难，以及需要的帮助，并给予他鼓励。娟娟老师在离开之前，避开孩子把我拉到一边说她会继续做大队辅导员。我欣慰地笑了，很欣慰我这本书带给王娟老师以力量。

同时，由此及彼，我在想，履新的这个学校，130个老师，未来还有多少个老师需要我的帮助和支持。那就以书会友，先让老师们读读我和女儿的书，从书中来了解我这个新校长吧。于是，就有了元旦节以教师发展中心牵头的"阅读人生，共读一本书"的送书活动。

寒假遇到新冠肺炎疫情，恰好是居家读书好时节。我也收到了老师们的读书心得，带着对老师们的好奇心和对老师们写作的尊重，我开始一篇一篇地阅读。

老师们的读后感写得真是广泛。读后感在内容上，有的从教育的视角，谈到了教育的本质；有的联系到自己的课堂，谈到了怎样与孩子相处；有的联系自己的成长，找到了自己工作的目标；也有的谈到了自己缺失的母爱在自己成长工作中的影响。在形式上，有的夹叙夹议，像打机关枪一样"砰砰砰"地表达自己的观点，思路清晰，思维敏捷；有的借物抒情，表现出对教育的温婉和温暖。

一千个读者就有一千个哈姆雷特，从老师们的读后感中，我读懂了学校年轻教师们的焦虑、徘徊、迷茫、勇敢、抗争、向上、善良以及智慧。

每看一篇，我就想抱抱这个老师，走进她真诚的心里，急切地与之对话。于是，我动笔一篇一篇地给他们写回信，我想只有这样，我才对得起每一个认真读书的老师。我也有了一个念头，我要把老师们的读后感结集出版，书名就叫《余生，请让我好好爱你》。

同时，也坚定了我做"怡心教育"的决心。

第83天 2020年03月02日 星期一

摸清学校的"家底"

为了做好开学前学校卫生大扫除,我让总务汪抗战主任、刘光笃老师把所有的办公室、功能室打开,我想看看每间屋子里面有什么东西,是什么功能,卫生状况怎样,谁在管理与使用。

"大疫"面前,不能做表面文章,必须通过实地了解,来一个彻底的爱国卫生运动,在孩子们入校之前做好环境的净化和美化。当然,履新协和实验小学的第83天,我也想趁延期开学的时间,彻底摸清学校的"家底",了解学校固定资产的分布状况。

学校占地近62亩,建筑面积15000余平方米。有办公楼、教学楼、综合楼、学术演播厅、食堂,配备标准教室56间,功能室24个(含保管室20个),办公室60个,运动场12000平方米(含250米环形跑道),未用地4000米平方米。学校建校历史不长,2014年投入使用,布局呈"日"字形,向北的一方是教学区,每层楼12间教室,两间办公室,一共四层楼。穿过一条长廊,向南的一方是功能室和行政楼区。

北区的教室和老师的办公室很简单,里面的布局和设置都相对固定,只是卫生和整洁度的问题。存在卫生死角的地方,主要在南区的功能室和储物间。

我们先从一楼房间开始检查,花去了一个小时的时间。为什么需要这么长的时间?第一,每间房间的钥匙没串在一起统一管理,打开有些房间还要临时去找钥匙。第二,杂物间里堆满了清洁工平时收捡的纸板垃圾,要交代如何去清理。第三，办公室个人的物品乱摆乱放，吃的用的都堆在桌上，也要提出整改的要求。第四，劳技室从建校之初就没人使用，硬件配备完好，但打开之后全堆满了书籍，要商量怎样把劳技室利用起来。第五，实验室灯光昏暗，没有多媒体，窗帘从建校之初到现在六年的时间没洗过，有的已经脱垂了。第六，保安休息室的被子、毯子看上去很脏，因为轮流值班，所以无人整理，鞋子杂乱地堆放，需要提出整改意见。第七，储物间里的东西陈旧，有旧图书，有运动会用的道旗，有卫生工具，要商量怎样分类整理。不打开不知道，打开看后，用三个字来形容：脏、乱、差。

然后走上二楼、三楼、四楼，有些功能室闲置，装修完就从没有启用过，有些按国家标准配备的器材没有管好、用好，甚至没有拆封。但一些用得时间已久需要报损的东西，又堆满一屋，用一个词形容：可惜。

我和总务处的两个同事，拿着本子一件一件地登记，哪些报损，哪些归类启用，开学后开设了很多兴趣特长课程，看看哪些功能室可以进行整合利用。随着学校课程改革的深入，哪些地方又需要添置LED，更换多媒体，添置手提电脑。为了得到及时的帮助和指导，我们马上邀请了教仪站的负责同志，到学校就实验教学工作做指导，给他们汇报学校设备的报损与添置问题。

最后，我们又就学校固定资产的清理和登记做了人员分工和口头制度的制定，并且确定了整改的时间、方法、内容，以及检查落实情况的时间。

后勤总务，是学校物资资源保障单位，是学校课程课堂变革的有力支持。只有摸清了"家底"，做到后勤工作精细化，才能促进学校各项工作顺利开展，学校也才会真正拥有"怡心教育"的环境。我以为，浪费国家资源就是犯罪，不利用好学校资源就是一种浪费。这是我历任三个学校校长第一年开学前必做的一件"大事"，履新协和实验小学，也一样必做。

第84天 2020年03月03日 星期二

"社区—学校"共建、共治、共享

新课程改革特别强调学校与社区的互动，强调学生的社会实践能力，重视挖掘社区的教育资源。

今天约怡心街道协和片区成教校徐泽林校长见面，与他交流了解学校周边的社区资源，为正式开学后学生的社会实践活动课程体系的构建，找到可利用的优势和机遇。

徐校长是资深的本地人，有思想，非常健谈。他谈到与协和实验小学有关联的社区包括长顺社区、清河社区、高峰社区、三江社区、河池社区、骑龙社区、红瓦社区。每个社区都有自身的文化特色：长顺社区的陶艺文化、清河社区的鼓文化、高峰社区的"南狮"文化、三江社区的家风文化等，徐校长建议将学校的文化特色和社区街办的亮点结合起来，实现学校社区共建、共治、共享。

徐校长告诉我，协和实验小学的中草药基地就是学校和成教校、长顺社区以及协和街办医院共建共享的一个基地。然后，我们一起去实地考察，基地的中草药种类有：金银花、连翘、麦冬、蒲公英、菊花、陈艾、车前草、柴胡、石斛、薄荷、藿香等，我对这些植物充满了好奇，时而低头嗅嗅，时而俯身摸摸，随行的老师也兴奋地谈论起这些中草药的作用。但基地的管理并不理想，徐校长介绍，所有的中草药都是长顺社区的居民们种的，学校的孩子并没参加，基地上只是稀稀疏疏地插了班级的牌子。

听到这儿，我向徐校长表达了我的想法：（1）这个基地肯定在未来要成为学校学生的劳动基地，学生要参与劳动基地的管理，学会做成成品，学会交易。（2）这个基地将是学校国际交流和传承中华民族传统文化的主渠道，我们将把这个课程延伸到美术、音乐、语文、数学学科的教育中，形成我们的特色课程和校本资源。（3）学校在新学期会形成规范的课程开发体系，与成教校、长顺社区进行协商，并得到上级部门的经费支持，从而达到"社区—学校"共建、共治、共享。

听了我的想法，徐校长激动地说，"随着社会发展，学校渐渐地不再只是社区中的一座'象牙塔'，而是越来越广泛地同社区产生各种各样的内在联系。一方面，学校的教育资源向社区开放，引导和参与社区的一些社会活动；另一方面，社区也向学校开放自己可供利用的教育资源，参与学校的教育活动。希望学校教育与社区生活走向终身教育要求的'一体化'，学校教育社区化，社区生活教育化"。

他还希望教师的角色也要求变革。教师不仅仅是学校的一员，而且是整个社区的一员，是整个社区教育、科学、文化事业建设的共建者，教师的角色从仅仅是"学校型"教师，拓展为"社区型"教师。

在我看来，学校的育人目标是实现学生从自然人向社会人的转变。社区是学生学校生活之后的又一"微社会"，它为学生提供了社会参与的机会，有助于培养学生自我社会实现意识，是学生进入真正社会之前的重要缓冲区。社区参与学校管理，是学校教育现代化、学校与社区关系伙伴化、学生能力实践化的要求。社区为学生创设了一种真实的生活境遇，蕴含着"生活即教育"的理论诉求，它能实现学校教育生活化的补充，是学生开展"4+1"综合素质评价活动的重要环境系统。随着社区与中小学学校的深度融合，学校不再是封闭的孤岛，而是作为一种更加开放的教育形态，吸纳更广泛的成长资源，最大限度地充盈学生的内心世界。正如陶行知先生所说，"教育的材料，教育的方法，教育的工具，教育的环境，都可以大大地增加,学生、先生也可以多起来。"因为在这样的办法下,不论校内校外的人,都可以做师生的。

今天,通过与社区成教校徐泽林校长的交流,我更加懂得了学校向社区开放的重要性。我想,协和实验小学实施现代化治理体系的第一步,就从学校的中草药基地与社区共建、共治、共享开始。

第85天 2020年03月04日 星期三

连线清华大学青少年德育研究中心

今天,学校连线清华大学青少年德育研究中心,召开了"基于互联网德育教育和评测试点"研讨会。因为,处在疫情期间,我们采用了线上线下混合式视频会议。

怎样去评测德育,这是我在参与清华大学青少年德育研究中心的课题时的疑问。

履新协和实验小学,我想通过清华大学青少年德育研究中心,推动学校德育工作的创新性发展,做出新时代德育的特色和亮点,为完善"评价"这一难题,尽一点绵薄之力。

首先,需要明确评价的目的是什么?其次,评价的指标是什么?最后,评价活动如何开展?这是学校开展学生评价活动的三个重要思考。

可以明确的是,评价是衡量目标与行为现状的差距,为了发现学生存在的不足,实现改进与提升。结合立德树人和中国学生核心素养的颁布,评价是为了更好地培养和发展学生适应社会挑战所需要的必备品格和关键能力,这是新时代评价活动开展的目标指向。

林崇德教授认为,"中国学生发展核心素养体系是教育目的的具体体现,是连接宏观教育理念、培养目标及课程与教学目标的关键环节,也是建构科学的教育质量评价体系及推进教育问责的重要基础和依据"。因此,可以推论的是,核心素养也是学校建构学生评价体系的重要参数。另外,学校是影响核心素养落实的关键因素,在学生核心素养的发展过程中，扮演着重要转化者的角色。为了发挥核心素养的参数作用，在构建学生评价体系时，需要学校对核心素养进行学习和校本化，将核心素养融入实际的教育教学过程中。

对此，协和实验小学可以依据中国学生发展核心素养，结合清华大学青少年德育研究中心的评价手册，将核心素养的基本要求，转化为学生必备品格和关键能力的评价标准。

以德育为例，协和实验小学的德育，可以立足于培养学生具备责任担当的核心素养，责任担当包括"社会责任、国家认同、国际理解"三个基本点。结合中国学生发展核心素养中对"国际理解"的界定，即"培养学生具有全球意识和开放的心态，了解人类文明进程和世界发展动态；能尊重世界多元文化的多样性和差异性，积极参与跨文化交流；关注人类面临的全球性挑战，理解人类命运共同体的内涵与价值等"。进而，针对学生年龄特点，结合实际情况，需要对"国际理解"进行校本化阐释，进一步提出各年级段学生的具体评价标准。

一二年级的学生，能够做到：（1）对外语有好奇心，例如，喜欢听他人说英语，能根据教师的简单指令做动作、做游戏、做事情（如涂颜色、连线），能做简单的角色表演。（2）每学期学唱2～4首简单的外文歌谣。

三四年级的学生，能够做到：（1）对学习中接触的外国文化习俗感兴趣。（2）每年观看2～4部经典外国儿童电影，了解电影中讲述的外国文化、历史人物和事件。（3）通过自创绘本、演讲、口头交流、角色表演等形式，向同伴传达自己喜欢的国际文化。（4）能认同自己所属文化，包括语言、服饰、生活习惯、习俗等。（5）知道世界上存在着各种各样的文化，但文化没有优劣之分。

五六年级的学生，能够做到：（1）不断提升自己在听、说、读、写方面的外语技能，能与教师或同学就熟悉的话题（如学校、家庭生活）交换信息，能读懂外文小故事及其他文体的简单书面材料。（2）在阅读互动中体验文化的多样性和差异性，能意识到社会交际中存在文化差异。（3）努力传承中华优秀传统文化，推动中华文化走向世界，做中华文明传播的小使者。（4）通过文化交流，理解并尊重文化的多样性。

有了评价指标，评价活动如何开展？如何对学生实施评价。对此，学校可以发挥包括"自我—同伴—老师—家长—社区"在内的多元评价主体的评价功能，紧扣预先的评价指标，根据学生的行为表现、学习效果进行评价，并创新评价手段，借助清华大学青少年德育研究中心开发的德育能量树，实现学生评价的多维度、动态、可视化展现。让学生通过"一棵树"的形态更为直观地看见自己的长处、短处，进而全面提升自我素养。在此基础上，学校也可以开发与之匹配的评价道具、评价功能室、评价手册，努力实现评价方式的多元化。

评价是一个杠杆，能够撬动孩子的潜能，希望在清华大学专家们的指导下，能够把评价做好，努力把协和实验小学的德育做出亮点和特色。

第86天 2020年03月05日 星期四

写一篇怎样的论文

双流区教育局小学教育科发通知，要求区内各小学近期做好以下两方面的工作。一是收集整理延期开学期间，全校各年级、各班教师开展居家线上指导的情况、学生开展居家学习的具体情况、家长对学校开展居家学习的一些意见建议，及时完善和调整，为学生继续开展居家学习提供更适合的课程。二是提炼总结疫情期间学校的教育行动及思考，按照《四川教育》特别策划征稿要求，结合学校实际选定题目，完成文稿，本次文稿也将作为学校在延期开学期间教育教学的一个工作反馈。

第一件事情好办，我与教导处交流，收集教师意见，很快便完成。第二件事我一直在思考，构思写一篇怎样的文章呢？认真读完论文写作提示，我选择的论文题目是"'五育并举'促进学生全面发展的探索与思考"。

因为，疫情暴发以来，我们把安全宣传放到了第一位，除了参加教育局和协和街办的各种会议，还和安全科精准排查师生员工的流向，给居家的孩子们设计"居家"课程，给老师们开视频会，给家长们写安慰信，到校准备各种防疫物资，并统筹开学的各项工作，对学校的文化、德育、教学、安全、人事、考评等工作进行小专题讨论……尽管，事情繁杂，但最让我困惑的是，学生"居家"课程的设置。

在这样的一个特殊时期，我担心孩子们未来还会遇到许多的问题，例如，突发的公共卫生安全、自然灾害、战争、恐怖主义等，所以，教育需要立足于人的全面发展,为学生未来面对不可预测的事件做好知识和能力的培养。其中,发展学生的核心素养对适应挑战至关重要。再次查阅2017年北京师范大学林崇德教授研究团队提出的中国学生核心素养的三个方面、六个素养、十八个小点,我再次深刻地体会到核心素养指向全面发展的人的目标,是多么地具有科学性和价值性。"五育并举"是落实核心素养的重要途径。学校教育在疫病期间,应该做的,也必须以"五育并举"落实核心素养为指引,探索校本化的实践路径,让核心素养在应对新冠肺炎这一特殊情境,以及未来不可预测的事件中发挥积极作用。

第87天 2020年03月06日 星期五

改变坐车的方式，骑车上班去

四川省教育厅3月3日下发通知：从3月9日起，按照"同一年级同一课表、同一学科同一老师"的原则，由四川省教育资源公共服务平台组织名优教师录制小学、初中、高中的学习课程，组织全省省级名师开设名师讲堂，通过四川广电网络有线电视分年级分频道播出，通过四川电信、四川移动、四川广电、四川联通网络电视（IPTV）教育专区和四川省教育资源公共服务平台"停课不停教、停课不停学"专区同步推出点播、回放。

针对这一文件的出台，学校教务的中层干部们有了意见的分歧。有的认为，通知打乱了前期的安排，老师和孩子不适应，认为不要轻易改变原有的做法；有的又赞成跟着四川省教育资源公共服务平台的安排学习，大家可以尝试一些新东西。大家在行政微信群里各抒己见，无法形成一个统一的意见。作为校长，我也犹豫不决，毕竟9号的课我没看，不知道优劣，一旦做出决定，结果不是我们期待的，就会造成不必要的影响，甚至会产生舆情，毕竟这件事涉及老师、家长和学生。改与不改，事情终得有个定论，于是，学校决定今天上午9点半召开线上教学工作部署会，通过学习文件精神，发表看法，做好延期开学工作安排。

学校现在离家近了，我总有想走路上班的想法。在疫情期间，试着走路上班过几次，每次花费的时间大概要1个小时。今天出门较迟，走到一小半，一看只有20分钟就到开会时间了，如果这样走下去，估计开会要迟到。这时一辆哈罗单车引起了我的兴趣。以往在双华小学上班，路途远，只有坐汽车上班,每每看到骑单车的人从我对面划过,我总是心生羡慕,期待自己也有骑车上班的快乐,正当自己担心会迟到时,这辆蓝色的小单车就出现在我的眼前,多好的机会,何不去试试!马上使用支付宝,按操作流程扫码、付款,很顺利地打开了锁。还是读书年代骑过自行车,今天再次骑上自行车,新体验新感受,有种时光如飞的感觉。

在小蓝车的帮助下,我按时到了学校。带着骑单车的幸福和快乐,走在开会的路上,突然,我就这次研讨会有了定论:改变我们已有的做法,就按省教育厅线上学习的新要求去尝试。全省学生统一电视授课,是我出生以来的第一次,这是新鲜事物,我们学校为什么不抓住这个契机,进行尝试呢?

会议开始,我以今天尝试骑单车上班的小故事,与大家分享了改变带给自己新体验的快乐和启示。很快,所有行政人员开始有了共同的选择和目标,那就是暂时搁下我们原本的做法,用一周的时间,来跟着省教育厅线上学习的安排走。一周以后,再从老师和学生家长那儿收集意见。反馈得好,学校就继续,反馈得不好,及时调整。

因为思想统一了,会议的效率很高,两个小时的会,只开了1个小时,大家都高兴地按照开会共商的意见,分头准备明天教师的视频会。

第88天 2020年03月07日 星期六

第三次全校教师线上视频会

昨天教务处的教学研讨会上，大家建议，今天上午10点召开一个全校教师视频工作会，传达3月3日四川省教育厅《关于全省中小学校开展线上教育教学工作的补充通知》，并对学生居家学习课程和教师居家提升课程再次做统筹安排。

对于每次全校教师视频会议，我对会议的安排都非常重视，每次要求承担会议的部门要做到会议有主题、有主持人，提前下发会议通知，提前申请腾讯会议号、确定主讲人，主讲内容的准确性、流程，配套会议的方案和要求，会议资料、会议考勤、线上会议的主会场、设施设备的准备等，因为这次会议由教务处和教师发展中心承担，昨天他们就为会议的安排做了充分的准备。

会议的最后环节由我发言。我在思考，自己发言一定要对现阶段延期开学工作有思想引领、行动指南的作用。于是，我列举了两条意见与老师们分享。

第一，明确告诉老师们做好长期线上教学的心理准备和规划。根据四川省教育厅明确是否开学"三不原则"要求，严控春季开学时间。做到疫情响应不解除不返校，物资保障不充分不开学，措施落实不到位不开课。

对此，学校都要做好长远课程规划，提前开好全校的老师网络会议，分别开好年级组、备课组网络会议，对不同年级、不同学科的课程线上教学要有一个长远规划，原则上将在线教学规划做到4月底。

第二，严明居家上班的纪律以及需要完成的工作。大家要时刻提醒自己"延期开学不等于延长放假"，老师们始终要处于上班状态，真正做到"停课不停教、停课不停学、停课不停研"。

（1）与学校同频共振。关注学校在微信群发布的信息，不能有"事不关己高高挂起"的思想。做到"四意识"，政治意识、大局意识、核心意识、看齐意识；做到"四个力"，凝聚力、执行力、创新力、协调力。

凝聚力。构建年级组、学科组学习交流共同体，大家共同开发学习资源，共同投放学习要求。做到年级同步、学科同步，发挥年级组长和学科组长的引领作用。

执行力。针对学校要求在规定的时间高质量完成。

创新力。接纳并提升现代化教学方式和手段，提升线上录课、上课等教育教学能力。

协调力。做好家校沟通，关注关心到每一个孩子。质量是学校的生命线，每个学科的老师要提高学生线上教学的质量。对此，一定要和学生一起看视频课，在线上与学生互动，投放一些班本化的练习，做好及时评价。并且，对于不具备在线学习条件的学生及学习有困难的学生，要建立精准帮扶机制，以班级为单位，一人一策，做好关心关爱工作。

（2）与国家要求同频共振。从9号开始，学校老师们就要和学生们一起进入第三阶段延期开学线上学习阶段。主要落实省教育厅《关于全省中小学开展线上教育教学工作的补充通知》文件精神，落实双流区研培中心"关于全区延期开学期间继续开展线上教育教学的补充通知"的要求，落实双流区研培中心决定开展双流小学2019—2020学年下期线上教材培训活动。对此，大家要安排好家人、孩子，协调好时间、空间，在家潜心工作。

另外，大家要关注新闻，关注疫情。加强以爱国主义教育为主要内容的思想引导，将防疫知识、战"疫"先进事迹教育、生命教育、科学教育、健康教育、艺术教育、公共安全教育、心理健康教育等融入在线学习，促进学生德智体美劳全面发展。同样，作为教书育人的老师，也要了解这些知识，阅读相关书籍，为孩子们传道授业解惑奠定基本素养。

（3）严格做好线上教学反思工作，形成研究成果。每个老师要认真梳理总结前一阶段"停课不停学"工作的基本情况，以适当方式广泛听取同行、家长和学生等方面的意见，了解掌握学生的实际需求，分析研究存在的突出问题，加深对线上教育规律与特点的认识。分析线上"隔空"教学存在的不足，提出改进的措施，形成有独到见解的案例、论文、经验性文章，为自己评优选先、职称评聘、个人的专业发展做好充分准备。

明天就是三八节了，我们今天也在线举行"同心战役担使命，巾帼建功展风采"协和实验小学纪念"三八节"线上动员会。因为疫情原因，大家不能聚会庆祝，学校工会主席刘勇已做了线上和线下的一些安排，我代表学校"隔空"祝我们学校所有女教师健康幸福、节日快乐，也祝男教师的母亲、妻子、女朋友三八节快乐。

第89天　2020年03月08日　星期日

综合实践活动课程研讨

今天，是三八节妇女节。上午9点，到学校与综合实践活动课程牵头负责人袁乙洁及其相关老师研讨综合实践活动课程的设置。

综合实践活动课程大多学校没有设置，即使课表上有这一科，也没透彻理解课程性质与基本理念，而是随意地安排，或者只简单停留在定义上。

综合实践活动课程性质究竟是什么，综合实践活动是基础教育课程体系中重要的组成部分，是在教师引导下学生自主进行的综合性学习活动。综合实践活动基于学生的兴趣和直接经验，密切联系学生自身生活和社会生活，体现对知识的综合运用的课程形态。它由国家设置，地方和学校根据实际开发，面向全体学生开设，以学生自主选择、直接体验、研究探索为学习的基本方式，以贴近学生现实的生活实践、社会实践、科学实践的主题为课程基本内容，以学生个性养成为课程基本任务的非学科性课程。这是一门以学生的经验与生活为核心的实践性课程。通俗说，综合实践活动课程是一门面向学生生活，在教师的引导下学生自主解决实际问题，使学生获得全面发展的课程。综合实践活动与思想品德、语文、数学、外语、科学、体育、艺术等一起共同构成新课程的若干领域。因此，它是每所学校都有责任与义务提供给每一位学生的课程，也是每一位学生都必须参与和学习的课程。综合实践活动，是国家义务教育和普通高中课程方案规定的必修课程，与学科课程并列设置，是基础教育课程体系的重要组成部分。

回想2017年10月26日—28日，我还在双华小学做校长时，当时就和老师们到河南省郑州市和开封市，参加了全国综合实践活动学术年会。那次会议的主题是以"研讨综合实践活动中学生素质结构与核心素养发展的理论与实践问题"。会议上聆听了综合实践活动课程指导纲要研制组核心成员、中国教育科学研究院冯新瑞副研究员对《中小学综合实践活动课程指导纲要》的解读，认真学习了各省代表的教学展示和说课，收获颇丰。那次学习，不仅激发了我对该学科的研究兴趣，也坚定了在学校做出学科特色，促进孩子们协调发展的决心和信心。履新协和实验小学，在关于学校4+X课程体系建设中，我发现了综合实践活动学科课程几乎没有，即使有，也缺乏提炼，不够明朗化。

《中小学综合实践活动课程指导纲要》中提出综合实践活动的主要方式及其关键要素为以下。

1.考察探究。

考察探究是学生基于自身兴趣，在教师的指导下，从自然、社会和学生自身生活中选择和确定研究主题，开展研究性学习，在观察、记录和思考中，主动获取知识，分析并解决问题的过程，如野外考察、社会调查、研学旅行等，它注重运用实地观察、访谈、实验等方法，获取材料，形成理性思维、批判质疑和勇于探究的精神。考察探究的关键要素包括：发现并提出问题、提出假设，选择方法、研制工具。获取证据。提出解释或观念。交流、评价探究成果，反思和改进。

2.社会服务。

社会服务指学生在教师的指导下，走出教室，参与社会活动，以自己的劳动满足社会组织或他人的需要，如公益活动、志愿服务、勤工俭学等，它强调学生在满足被服务者需要的过程中，获得自身发展，促进相关知识技能的学习，提升实践能力，成为履职尽责、敢于担当的人。社会服务的关键要素包括：明确服务对象与需要、制订服务活动计划、开展服务行动。反思服务经历，分享活动经验。

3.设计制作。

设计制作指学生运用各种工具、工艺（包括信息技术）进行设计，并动手操作，将自己的创意、方案付诸现实，转化为物品或作品的过程，如动漫制作、编程、陶艺创作等，它注重提高学生的技术意识、工程思维、动手操作能力等。在活动过程中，鼓励学生手脑并用，灵活掌握、融会贯通各类知识和技巧，提高学生的技术操作水平、知识迁移水平，体验工匠精神等。设计制作的关键要素包括：创意设计、选择活动材料或工具、动手制作。交流展示物品或作品，反思与改进。

4.职业体验。

职业体验指学生在实际工作岗位上或模拟情境中见习、实习，体认职业角色的过程，如军训、学工、学农等，它注重让学生获得对职业生活的真切理解，发现自己的专长，培养职业兴趣，形成正确的劳动观念和人生志向，提升生涯规划能力。职业体验的关键要素包括：选择或设计职业情境，实际岗位演练。总结、反思和交流经历过程，概括提炼经验，行动应用。

综合实践活动除了以上活动方式外，还有党团队教育活动、博物馆参观等。综合实践活动方式的划分是相对的。在活动设计时可以有所侧重，以某种方式为主，兼顾其他方式。也可以整合方式实施，使不同活动要素彼此渗透、融会贯通。要充分发挥信息技术对于各类活动的支持作用，有效促进问题解决、交流协作、成果展示与分享等。

我认真阅读《中小学综合实践活动课程指导纲要》，认识到学校要高质量完成这门课程，一定要有统筹的理念，主题化的思想，阶段化展开，持续性地开展，特色化地进行。于是我想以学校与长顺社区、协和社区医院、协和成教校共建共治共管的中草药基地为核心点，研究综合实践活动校本化的实施方案，达到一点一域全综合的效果。

会前，我再次阅读教育部印发的《中小学综合实践活动课程指导纲要》，希望会中能给参会的老师提出一些可行性的意见。

参会的部门是德育安全处的八位老师，由于老师们从没解读过纲要，不了解综合实践活动学科课程，所以我们从解读《中小学综合实践活动课程指导纲要》开始，解读完《中小学综合实践活动课程指导纲要》，又在一起做整个综合实践活动课程的体系建设，从课程主题到课程模块依次研讨，最后，我们又到学校中草药综合实践活动基地进行了实地研讨。

走进基地，满园春色，没有疫情的阴霾，只有春的气息，这是一个特别的三八节！

第90天 2020年03月09日 星期一

从"手机"回归"电视"

现在的人,不管大人还是孩子,大都习惯于使用手机或平板电脑处理生活中的一些事情,包括我在内。家里的电视几乎是摆设,应该说十年间我没有用过遥控板。疫情期间线上上课,为了避免手机屏幕太小影响孩子的视力,按照"全省中小学开展线上教育教学工作的补充通知",从3月9日起,全省学生通过四川广电网络有线电视按照"同一年级同一课表、同一学科同一老师"的要求,参加由四川省教育资源公共服务平台名优教师录制的小学一至六年级学习课程。

课程从9点开始。因为是周一,有升旗仪式。我们要通过电视与孩子们一起参加升旗仪式。对待这样的"隔空"课堂,我也是第一次遇到,于是准备把电视调试好,在开课的第一天,安心与老师孩子一起听课,也顺便通过调研,发现电视教学是否被孩子、家长、老师们接纳,还存在哪些问题,以及是否适合学生等问题。

8点50分,我就开始调试电视,可始终没有进入相应的听课频道。9点升旗仪式到了,我还在调试。这时,学校微信群里热闹了起来。老师1:啥都没得。老师2:我看上午的课好像都有了。老师3:移动的是这个界面,我分享给大家。老师4:电信的是这个界面,我也分享给大家。老师5:我始终找不到,咋办?救急。老师6:我家用的移动,我看到了一年级的升旗仪式和防控疫情知识。老师7:好久没有用过电信的遥控器了。老师8:各个节目,有的声音大,有的声音小,看来四川省级电视台水平还是有待提高。老师9：我们班的娃娃都开始升旗了，我的还是封面。老师10：电脑版怎么弄？老师11：搜索四川教育公共平台，不过现在似乎进不去。老师12：关了你的机顶盒，重启一下，再进去试试。老师13：不行，还是不行，我去试试电脑。我的电脑也进不了，进入是这样的界面。在哪里看升旗仪式？升旗仪式点不进去，我只看得起道德与法治。老师14：有一个升旗仪式的视频没有啊？老师15：重启机顶盒，我刚重启进去成功了，我们家电信是606频道。老师16：我觉得最简单的方式是点到平时换台的地方，四年级604，五年级605，这个方法最简单快捷，对应电信电视的601~606。实在不行，输入网址https： //sc.campus.qq.com/；点击"点击观看课程"，输入学生所在学校、年级和姓名。老师们可以试试看，若好用，也可以推荐给学生居家学习。

看到老师们的微信讨论，我仿佛看到了一场信息技术能力的博弈。有的动手快，有的动手慢；有的熟练，有的茫然；有的沉着，有的焦虑。从最初的紧张、着急、焦虑、抱怨，再到成功后的惊喜、高兴、平静。但大家都在群里热情分享、互相帮助、积极参与。

我也在调不动电视的情况下，转向用手机进入了四川省教育资源公共服务平台看课。开始网络也非常卡顿，十分钟都在转圈，最后还是进去了。还好，上课的视频都在，随时都可点击回看，再往后，网速也快了起来。

我点开国旗下讲话，主题是：春风化雨，来日可期。我想，这次"手机"回归"电视"的操作经历，也会迫使学校推动教育手段多样化的变革。

第91天　2020年03月10日　星期二

探索学校社区合作新模式

今天,学校举行中草药基地综合实践活动课程研讨会。参会的有协和成教校校长徐泽林,长顺社区党总支副书记曾林、党总支委员金花、党总支委员黄燕,长顺社区文体教干事卓思思,天府新区星火社会服务中心徐棠棣,还有学校德育安全处、综合实践活动课程处的老师参加,会议由学校健康与安全课程处的袁乙洁主任主持。

协和成教校徐泽林校长围绕《探索文化新模式,助力社区新治理》分享了2020年怡心街道将继续紧紧围绕区委区政府决策部署,围绕街道中心工作,以"农民变市民、管理变自理、社区变景区"社区治理发展思路,以最终实现"环境育人、制度育人、示范育人、文化育人、团队育人、服务育人"。通过"一社一品""一月一节"特色文化建设,落实"培养一批骨干人才,发展一批特色项目,组建一批特色社团,建设一批亮点点位,创建一批品牌社区"的发展目标,不断提升居民思想文化素质和生活品质,为和谐社区建设打下坚实基础。其间,徐校长着重谈到了学校与社区合作的构想,师生作品扮靓社区,发挥教师优势做到社区学校师资资源共享,孵化社区组织,共建一些特色基地,可以基地共建、党课共上。

长顺社区党总支副书记曾林是一个漂亮干练的女干部,她着重向我们介绍了共建协和实验小学中草药基地项目实行的5微举措:微更新、微基金、微处方、微工艺、微科普。2020年,长顺社区也将把中草药基地项目作为社区与学校合作的重点项目,规范基地场地,继续开展香包、浴足包的制作活动，让更多孩子参与进来，开展线上卫生培训课，编写科普书籍。

其实，学校与社区之间的合作，对学校的一些干部和老师，是既不了解，也不愿深入了解的工作。但随着学校治理体系和治理能力现代化，学校必须开放办学，学校治理现代化的首要特征就是参与主体的多元化，这也是区别于传统学校管理模式的重要标志。参与主体的多元性，是学校民主治理的良好开端，有利于学校治理的民主化和民主机制的建立。多元主体参与必须是真实有效的实质性参与，而非低效虚假的形式主义参与。例如，与社区合作，在参与的形式上应当是多元的和切合实际需要的。今天，我们在这儿召开中草药基地综合实践活动课程研讨会，就是探索学校社区合作新模式，达到共治共建共享的目的，并且以可持续发展为总原则，建立循环可用的长效机制。希望把中草药基地做成乡村少年宫基地、国际交流基地、传承中华民族传统文化的基地，"学校—社区成教校—卫生服务中心"共建共治共享基地。

最后，参会人员走进中草药基地实地考察。大家就基地的布局，在中草药的种类以及灌溉需要的工程、学生参与活动的路径、形成成果的展示进行了实地研讨。

今天的太阳很大，学校社区合作的劲头就如正午的太阳，那么耀眼。

第92天　2020年03月11日　星期三

走向从事教育科研的幸福道路

老师居家上班已经有了一个多月。在这次疫情期间,老师们经历了太多的第一次,第一次开展线上的全体教师会议,第一次线上给学生上课,第一次参与全省学生同课表电视上课,第一次召开线上家长视频会等,这让每一个老师经历了太多教育教学行为的变革,也有了许多的感悟与反思。

许多教育科研部门和教育刊物也抓住这个契机,进行课题申报和文章征集。恰逢其时,成都市教育局关于开展成都市教育科研规划"新冠肺炎疫情与成都教育应对"专项课题申报的通知来了。我们想,这是多好的一次教学反思的过程。如果老师们能把这次疫情当中的所做所思所想,形成案例、经验型文章、论文、课题,去参与课题申报和文章投稿,那是一件事半功倍的好事。于是,我和教师发展中心的樊小娟主任商量,启动了协和实验小学教师居家上班第四阶段专业提升课程,主抓老师们的教学反思工作。

苏霍姆林斯基说,如果你想让教师的劳动能够给教师带来乐趣,使天天上课不至于变成一种单调乏味的义务,那你就应该引导每一位教师走上从事研究的这条幸福的道路上来。

科研兴校,以科研为抓手,促进学校课程课堂变革,提高学校的核心竞争力。如何做好学校科研工作?

第一,要制定科学的科研管理、奖惩制度,对于在课题研究方面有杰出贡献的教师给予奖励。

第二，校长要做教育科研的领头人。我会要求自己把教育科研工作当作重要事务来抓，经常参与课题研究工作，认真倾听教师对教育科研工作的建议。

第三，教科室主任要敢抓、会抓工作。提前制定学校教育科研计划，并督促、帮助指导课题组制定好课题研究计划。善于把自己开展教育科研的工作思路，分享给老师和学校，给每个老师参研的机会，赢得大家对教育科研工作的关心和支持。

第四，学校要营造浓厚的教育科研氛围。经常举办形式多样、内容丰富的教育科研活动，如教育科研基础知识竞赛、科研信息沙龙、课题研究课、观摩课等。在新一轮基础教育课程改革已经全面深入的今天，更要加强学习，不断地研究反思，以教育科研来指导我们的教育教学，以课题研究来解决教育教学中出现的新情况、新问题，以增强教育科研的向心力、凝聚力和感召力。

我期待，我和我的老师们一起走向从事教育科研的幸福道路。

第93天　2020年03月12日　星期四

研究问题源于一线教师

文化浸润职业生命，科研推动学校发展，这是我的一句口头禅。履新一个新学校，在学校文化基本确立，课程体系基本构建，课堂变革开始起步时，我会把眼光投向学校的课题研究，把办学过程中要解决的问题、当前要突破的难点，变为一个或两个课题深入去研究，最后形成研究成果或者学校的特色，把教学科研工作放在提高学校办学品位、树立品牌、培养名师的高度。

昨天，教师发展中心向老师们投放了第四阶段教师专业发展提升课程，要求老师们按照"新冠肺炎疫情与成都教育应对"专项课题申报的要求，总结反思疫情防控以来居家学习上班的情况，写案例、经验性文章、论文等。

我想，学校就借此机会申报一个课题，进行深入持久的研究，这将是一件好事。好在哪儿呢？一是学校2020年课题立项为零。二是学校从未申报过市级课题。三是申报流程简单，网络直报。四是研究周期短，9月30日前提交研究成果，时间充裕。对于协和实验小学这样的一个年轻干部团队，参与这样一个短平快的课题研究，如果能顺利结题，将会让他们得到极大的鼓舞，也许会让他们爱上研究，走向从事教学科研的幸福道路。当我带着这四条理由，打电话与教务处和科研室主任沟通时，他们表现很积极，并表态十分愿意参与这次特殊的课题研究。

有了意愿，我们就要找准研究的方向，确定课题研究的题目。课题研究的方向来自哪儿？来自一线居家工作的老师们。

下午两点，教务处和科研室组织了学科组长就近期线上听课的一个家长意见反馈会，我申请参加。

为了开好这个会，我在电话里给科研室樊小娟主任提出了一点意见。注意会议的规范和严谨，毕竟在疫情期间学科组长很长时间没到学校开会了，我们行政人员所主持的任何会议，只要是面对一线的老师，都必须前瞻性的安排，会议有议程、有主持、有主题，这样才能提高会议效率，不浪费老师们的时间。

学科组长们准时到会。这个反馈会开得很务实、有成效，每个学科组长收集梳理了本年级家长针对孩子居家学习各个方面的意见。大家各抒己见，意见反馈会成了一个相互学习和启发的研讨会。科研室也在老师们的互动中，找到课题研究的方向，确立了申报专项课题中"新冠肺炎疫情下网络教学组织形式与教学方式的校本化研究"。

疫情期间，尽管我们不能像白衣天使到一线去救死扶伤，但我们作为教育工作者，可以坚守在自己的岗位上，响应国家号召，做好"停课不停教、停课不停学"的线上教学。教育教学改革是学校的生命线。在此期间，学校教务处经历了五个阶段的线上学习调整，针对实际情况，形成了五个阶段的"延期开学居家学习"方案，通过给家长们写信、开视频会、在班级群发布消息等方式，学校和一线老师的心始终连在一起，学校前瞻、规范、严谨、创新开展抗疫和教学工作，和孩子们共度抗疫难关。

虽然课堂不在学校，我们"隔空"与孩子们的交流，或许是我们未来很长一段时间教育教学的方式，大家要很快适应，并且积极探索，找准适合自己的线上教学方式。同时，做好线上校本教研工作，让线上学习具有"一有三化"的特色：有温度，校本化、师本化、生本化。

开启我的网络研修之旅

我有幸成为成都市首批农村学校校长领航班学员。从2019年6月开始，我们31名学员从成都到杭州、南京、江苏、南通、如皋、上海进行了五轮实地跟岗研修。这次网络研修由于还处在疫情防控期，所以改为了网络研修，研修时间为2020年3月13日至4月30日。研修主题为提升校长信息化领导力，探索学校发展新路径。

研修主题非常应景。在疫情期间，关于教育的高频词就是线上、网课、互联网、录播、信息化等。这次抗击新冠肺炎疫情，也是对教育系统治理体系和治理能力的一场大考。面对从"集约化"的面授教学转向"分散式"的线上教学，教师、学生和家长感受到前所未有的不适和焦虑。在做好防疫防控各项工作基础上，聚焦落实"立德树人"根本任务，坚持"五育并举"，克服线上教学短板，发挥"互联网+教育"作用，提供居家学习教育服务，超前谋划、积极思考、主动作为，精准施策是当下每一个校长应该思考的问题。

我非常关注这次网络研修的目标。第一，专业理念有更新。通过名家引领，更新教育理念，了解当前教育改革发展的趋势和典型地区的改革经验，以更加主动和自觉的方式改善现有的教育实践生活，提升职业道德修养，激发专业发展动力，提高组织实施素质教育的能力。第二，信息化领导力有提升。通过案例研习，了解优秀学校信息化管理与建设的做法与经验，有效提升校长信息化领导力，引领促进学校教育信息化发展，为本校的信息化建设提供借鉴和帮助。第三，自我发展有反思。通过专题讲座，自觉进行对照反思、转变理念，不断提升校长人文素养和专业发展，形成个人发展与学校发展相结合的科学发展规划。

这次网络研修围绕三个学习目标，设置了三个模块的课程。第一，教育政策法规与教育理论。包含了以下的专题：《国家中长期教育改革和发展规划纲要》解读，教育法律法规解读，信息技术与教育教学融合发展的现状，教师研修课程开发深度揭秘。第二，校长信息化领导力。包括以下课程专题：《中小学校长信息化领导力标准解读（试行）》解读，学校信息化的整体规划与实施，"互联网+"智慧校园生态系统建设规划，学校信息服务管理规划，"互联网+"时代下的信息化建设新思路，构建以教师专业发展为核心的集团网络教学评估系统，构建简单、高效、轻量型的集团化办公系统，"互联网+"智慧校园生态系统的建设案例，以科研为引领促进学校教育信息化发展。第三，校长专业发展与人文素养。包括的课程专题有：校本课程开发的实践与思考，校长职业生涯规划与设计，基于核心素养的"1+X"课程，校长人文修养及其形成。

我一边仔细地阅读研修方案，一边领会研修的精神和任务。我本来对这次网络研修有点抵触情绪，现在有了愿学想学的冲动。一份好的课程方案总是让人心动，这次课程内容的设置很用心，从基础到拓展，从学习到运用，都可以在网上进行"操练"。课程评价也很精练，从基础得分到参与互动得分，再到服务于他人得分，让培训的校长获得的不仅是知识和能力，还有立己达人的情怀和品质。

感谢培训学校的良苦用心，带着愉快的心情，开启我的网络研修之旅。

第95天　2020年03月14日　星期六

向《国家长期教育改革和发展规划纲要（2010—2020年）》颁布十周年献礼

今天开始了农村学校校长领航班网络研修第一课"教育政策法规与教育理论"的学习。学习内容是《国家中长期教育改革和发展规划纲要（2010—2020年）》的解读，主讲人是谈松华。

谈松华，男，研究员、博士生导师。中国教育学会常务副会长、学术委员会主任，上海教育科学学院顾问，全国高等学校设置评议委员会委员。长期在高等学校和政府部门从事教育和政策研究，致力于中国教育宏观战略与政策研究，参与主持制定过许多重要的国家教育改革和发展规划，并担任新颁布的《国家中长期教育改革和发展规划纲要（2010—2020年）》教育改革与制度创新战略专题组长。

识文识人识天下。听讲座，我喜欢了解主讲人的简介。我想这也是一种学习方法吧。如果他讲得好，我就查找与他相关的书籍和文献，较深入地去了解，总会有意想不到的收获。

《国家中长期教育改革和发展规划纲要（2010—2020年）》，我很熟悉，也是最大的受益者。因为《国家中长期教育改革和发展规划纲要（2010—2020）》2010年7月正式全文发布，2010年9月，我就到了一个偏远的郊区学校——胜利小学当校长。第一次当校长，参加培训的机会很多，每一次培训，授课的老师总会谈纲要、用纲要。听多了、看多了，自然而然，纲要在我的心目中，就成了我这个新校长，能办正确事、走正确路的行动指南。

今天，农村领航校长网络研修的第一个专题就是《国家中长期教育改革和发展规划纲要（2010—2020年）》的解读。十年后的今天，是2020年3月14日，还有4个月，在《纲要》颁布满10岁生日之际，我又来重新学习《纲要》，既有温故而知新的意义，又有对国家、政府、教育部门以及自己办学落实"纲要"的一个对照打分。

谈松华博士谈到了《国家中长期教育改革和发展规划纲要（2010—2020年）》的历史地位，它是中国进入21世纪之后的第一个教育规划，是当时指导全国教育改革和发展的纲领性文件。《纲要》的内容除序言外，分四大部分：总体战略、发展任务、体制改革和保障措施。我认为总体战略部分是整个纲要的灵魂，总体战略部分明确了2010至2020年十年的工作方针、战略主题和战略目标。具体而言。

（1）关于工作方针。优先发展、育人为本、改革创新、促进公平、提高质量。这20个字的工作方针，是有其内在逻辑的。优先发展是国家发展战略，育人为本是教育改革发展的核心，促进公平和提高质量是十年教育改革发展的两大重点，改革创新是实现这一核心、全面推动教育事业科学发展的根本保证。

（2）关于战略主题。《纲要》提出"坚持以人为本，推进素质教育是教育改革发展的战略主题"，并提出其重点是"面向全体学生、促进学生全面发展，着力提高学生服务国家和人民的社会责任感、勇于探索的创新精神和善于解决问题的实践能力"。时隔十年时间，我国的素质教育有了大的改观了吗？我想，即将走过十年实施与探索的《国家中长期教育改革和发展规划纲要（2010—2020年）》，作为教育者的我们，将会在《纲要》颁布10周年之际，交上怎样的一份答卷呢？十年前提到的"素质教育轰轰烈烈，应试教育扎扎实实"的现象还有吗？

（3）关于战略目标。《纲要》的战略目标是"两个基本，一个进入",即基本实现教育现代化和基本形成学习型社会,并进入人力资源强国的行列。教育现代化,不仅有现代化的设施,更要有现代化的思想。《纲要》中特别提到了"教育家办教育",倡导培养教育家,按照教育发展的规律办教育。我认为,教师都要努力成为教育家,这就需要教师不断地学习。教师的学习大致有三个方面:一是提高教学专业水平的学习,掌握学科发展的前沿,了解学科发展的最新知识。二是提高教书育人能力的学习,掌握教育学、心理学、教学法的理论和能力,不断改善教育方法。三是提高文化素养的学习。

今天,回头再听《国家中长期教育改革和发展规划纲要（2010—2020年）》的解读,内心的感受与十年前初步学习和解读心情和感悟是完全不同的。毕竟我们落实《纲要》已有十个年头。作为一个乡村校长,我感受到国家在实施《纲要》的过程中,所付出的行动与努力。

2014年3月30日,教育部印发了《关于全面深化课程改革落实立德树人根本任务的意见》。该意见充分认识全面深化课程改革、落实立德树人根本任务的重要性和紧迫性,准确把握全面深化课程改革的总体要求,着力推进关键领域和主要环节改革,切实加强课程改革的组织保障。这对落实教育规划纲要具有深远意义。

2017年10月18日至10月24日,在北京召开的中国共产党第十九次全国代表大会,进一步强调了教育的重要性。

2018年1月20日,中共中央国务院《关于全面深化新时代教师队伍建设改革的意见（2010—2020年）》对新时代教师提出了落实规划《纲要》要求和担当。

2019年,又有三个重要文件发布,这对落实教育规划纲要具有收官意义。这三个重要文件分别是:《中国教育现代化2035》《关于新时代推进普通高中育人方式改革的指导意见》《关于深化教育教学改革全面提高义务教育质量的意见》。

2019年2月25日，中共中央、国务院印发《中国教育现代化2035》。《中国教育现代化2035》提出了推进教育现代化的八大基本理念：更加注重以德为先，更加注重全面发展，更加注重面向人人，更加注重终身学习，更加注重因材施教，更加注重知行合一，更加注重融合发展，更加注重共建共享。明确了推进教育现代化的基本原则：坚持党的领导、坚持中国特色、坚持优先发展、坚持服务人民、坚持改革创新、坚持依法治教、坚持统筹推进。

2019年6月11日，国务院办公厅发布《关于新时代推进普通高中育人方式改革的指导意见》。该意见提出六方面重点任务：一是构建全面培养体系。突出德育时代性，坚持把立德树人融入思想道德教育、文化知识教育、社会实践教育各环节。强化综合素质培养，拓宽综合实践渠道。完善综合素质评价，强化其对促进学生全面发展的重要导向作用。二是优化课程实施。制定普通高中新课程实施方案，2022年前，全面实施新课程、使用新教材。完善学校课程管理，加强特色课程建设。三是创新教学组织管理。有序推进选课走班，满足学生不同发展需要。深化课堂教学改革，推进信息技术与教育教学深度融合。优化教学管理，严禁超课标教学、抢赶教学进度和提前结束课程。四是加强学生发展指导。注重指导实效，帮助学生树立正确理想信念、正确认识自我。注重利用各种社会资源，构建学校、家庭、社会协同指导机制。五是完善考试和招生制度。规范学业水平考试，深化考试命题改革。稳步推进高校招生改革，逐步改变单纯以考试成绩评价录取学生的倾向。六是强化师资和条件保障。加强教师队伍建设，创新教师培训方式，改善学校校舍条件，完善经费投入机制。

2019年6月23日，中共中央、国务院印发了《关于深化教育教学改革全面提高义务教育质量的意见》，这是新中国成立以来，第一个以中共中央、国务院名义印发的聚焦义务教育阶段教育教学改革的重要文件，是新时代我国深化教育教学改革、全面提高义务教育质量的纲领性文件。对于加快推进教育现代化、建设教育强国、办好人民满意的教育，具有十分重要的意义。该意见以落实"立德树人"根本任务，从坚持"五育并举"、强化课堂质量、提升教师队伍、深化关键领域改革及加强组织领导5个方面入手，在教学方式、教学管理、作业考试评价、信息技术应用、教师专业能力、家庭教育、教育生态等内涵建设领域，提出了24条具有操作性的举措，对开创新时代义务教育改革发展新局面具有重要的里程碑意义。

2020年1月10日至11日，2020年全国教育工作会议在京召开。会议强调，要高举中国特色社会主义伟大旗帜，以习近平新时代中国特色社会主义思想为指导，深入贯彻党的十九大和十九届二中、三中、四中全会精神，认真落实习近平总书记关于教育的重要论述，按照"五位一体"总体布局和"四个全面"战略布局，增强"四个意识"，坚定"四个自信"，坚决做到"两个维护"，坚持稳中求进工作原则，坚持高质量发展，坚持和加强党对教育工作的全面领导，全面贯彻党的教育方针，坚持发展抓公平、改革抓体制、安全抓责任、整体抓质量、保证抓党建，更加注重防范和化解风险，提高教育治理水平，加快教育现代化、建设教育强国、办好人民满意的教育，为决胜全面建成小康社会贡献力量。

一个个文件的出台，就是中国落实教育规划纲要的阶段性方案，也是全国教育工作者创新行动的轨迹，它彰显着中国教育的力量。

《纲要》特别提到了"教育家办教育"，十年的《纲要》实践之路，虽然我没有成为教育家，但我"扎根农村，做农村教育家"的梦想一直没变。十年的时间，我发表了与教育教学改革相关的论文30多篇，出版了《深耕学校文化》的专著。我想，那本用心写出的专著，就是落实《纲要》十年变革的最好见证。

做《纲要》的践行者，我一直在路上。

第96天　2020年03月15日　星期日

提升校长教育信息化领导力

校长的教育信息化领导力，是学校信息化建设的关键要素，是促进信息技术与教育教学深度融合的重要保障。

今天是参加农村学校校长领航班网络学习的第二天。线上投放的课程专题是《学校教育信息化发展的进程与现状——信息技术与教育教学融合发展的现状》，主讲人是北京师范大学教育技术学院、数字学习与教育公共服务教育部工程研究中心的李玉顺教授。

对该课程的学习，我很期待。因为，校长教育信息化领导力，是我的短板。当校长10年，经历三个学校。前面的两个学校，胜利小学和双华小学都属于农村小学，在教育规划纲要的大背景下，这两所学校所做的五年规划重点项目，主要放在了文化顶层设计和课程框架的搭建，以及课堂初步变革方面，对于学校信息化建设工作，我正准备深入地研究思考时，就被调任协和实验小学。

这次履新协和实验小学，我想借助疫情期间居家上班或到校值班相对自由的时间，以农村学校校长领航班网络培训的课程为基本研修课程，再结合国家和省市颁布的一些与信息化有关的文件、标准，由此及彼，触类旁通，找准新学校2020年信息化工作的工作点，做好学校未来三年的信息化工作规划，这是我履新新学校的一个愿景、一份担当。为了在这个领域提升自己，成就教师，受益学生，发展学校，办一所有温度、有人性、有美感的现代化学校，我要做好必要的准备。

在做任何一件事情之前，我总要先阅读与这个件事件相关的国家政策。在对《教育信息化十年发展规划（2010—2020年）》解读的过程中，我有了疑惑：现代化与信息化、智能化、数字化相互间是什么关系呢？

通过查阅文献，得到了以下答案。

在姜振寰主编的《技术学辞典》中，"信息化"的定义是信息在社会生活和社会发展中的作用被逐渐加强、扩大的社会发展过程。在人类的社会系统中，有三个最为基本的要素，即物质、能量和信息，每一个要素的巨大发展都会引起社会系统的革命性变化。比如：蒸汽机这种物质的出现（物质要素的巨大变化），引起了人类发展史上的第一次技术革命；电力的广泛应用（能量要素的巨大变化），引起了人类技术发展的第二次革命。现在，随着电子计算机、光纤和卫星通信等技术的发展，社会系统中的信息要素正在发生着巨大的变化，并对社会的发展起着越来越大的作用。信息化的本质是在充分利用各种信息和信息技术的基础上，尽可能地加强、开发、放大人的智力。信息产业的出现是社会信息化的根本标志。信息化的发展过程主要有四个阶段：（1）电子计算机科学技术的大力发展；（2）管理的电脑化；（3）社会的电脑化；（4）个人的电脑化。

在上海社会科学院信息研究所编著的《智慧城市辞典》中，"智能化"的定义是使对象具备灵敏的感知功能、正确的思维与判断功能以及准确有效的执行功能的过程。这是智能时代的基本特征。智能分为人类智能和人工智能。人类智能（Human Intelligence）是智慧和能力的总和，其中智慧是从感觉到记忆再到思维的过程，智慧的结果是产生了行为和语言，而能力是行为和语言的表达过程。一个人的智能既有先天遗传因素，也有后天的学习和知识（智力）积累因素，它可以分成语言智能、数学逻辑智能、空间智能、身体运动智能、音乐智能、人际智能、自我认知智能和自然认知智能等范畴。人工智能（Artificial intelligence）是对人类思维的信息过程的模拟，是人类智能的物化，目的是生产出一种能以与人类智能相似的方式做出反应的智能机器，其研究包括机器人、语言识别、图像识别、自然语言处理和专家系统等方面。一般所讲的智能特指人工智能。

《智慧城市辞典》给"数字化"的定义是使各种信息转化成计算机和通信网络能够识别、处理和传输的数字信号的过程。包括文字信息的数字化、图像信息的数字化、声音信息的数字化、视频信息的数字化等，通过数字化可使文字、电话、电报、数据、传真、图像、声音、动态影像等各种信息均变成数字信号，在同一综合业务网中进行传输和处理。20世纪40年代美国数学家C.香农（Claude Shannon）所提出的"在一定条件下，用离散的序列可以完全代表一个连续函数"的采样定理，是实现数字化的重要理论基础。与模拟信号相比，数字信号具有稳定性好、可靠性高、易于计算机处理和压缩、适用于数字特技和图像处理、处理电路简单等特点。

综上所述，当今社会的现代化不仅是以信息化为主要标志的，而且在现代化进程中起着"倍增器"的作用。数字化是信息化的技术基础，只有通过数字化技术，才能使各种家用电器设备、信息处理设备等向数字化方向发展，使计算机技术在信息领域得以全面应用，实现信息的网络化和虚拟化处理。智能化是信息化发展的必然趋势，简而言之，智能化是信息化要达到的社会环境和管理目标。智能化可以使本来只能执行简单工作的机器和设施，具有与系统沟通的能力，通过对数据的分析做出理性决定，以达到效益的最大化，从而给社会、家庭带来方便和便利，为人们提供更完美的服务，将推动城市管理和服务向智慧、精细、便捷的方向发展，智能化将使城市更加宜居，生活更加美好。

很开心自己今天静下心来，弄懂了自己多年以来在心中"悬而未决"的问题。弄懂之后，豁然开朗，继续解读《教育信息化十年发展规划（2010—2020年）》，听李玉顺教授的《学校教育信息化发展的进程与现状——信息技术与教育教学融合发展的现状》讲座就轻松了许多。另外，在这次讲座中，李教授给大家推介了一些学习资料，包括：教育部教师司关于《中小学校长信息化领导力标准（试行）》、中美两国中小学校长信息化领导力比较研究、校长信息化领导力的概念、生成及培养等资料，我如获至宝。

读完所有资料，在处于信息技术高度发展的今天，我感受到了自己信息化领导力确实不足，想利用这次校长领航班网络研修的机会，提升自己信息化方面的规划能力、管理能力和执行能力，逐步建立学校信息化工作规范和评价标准，使每一个老师都达到教育技术能力相应标准，成为一个真正意义上的现代人民教师。

加快推进学校信息化建设，既是学校新学期的共同愿景，也是学校未来三年发展规划中一个重点实施项目。

第97天 2020年03月16日 星期一

第二次课题讨论会

教育科学研究，是一种运用科学的理论和方法，有意识、有目的、有计划地对教育领域中的现象与问题进行研究的认识活动，旨在探索和认识教育教学规律，提高教育教学质量，推动教育事业的发展。

3月12日召开第一次课题会后，科研室樊小娟主任就带着申报成都市教育科研规划"新冠肺炎疫情与成都教育应对"专项课题组的研究人员，分工合作做出了申报书的初稿。今天，邀请我参加他们的第二次研讨，我欣然前往。

因为，学校每一个正式申报的课题，校长必须是第一责任人，我有这个义务。另外，通过做课题，能够真实地了解履新学校教师的研究态度和研究能力，以此建构教师专业化发展阶梯课程的目标和内容。并且，和年轻人一同成长是一件幸福的事，他们经验不足，但思维活跃，有时会在与他们交流中找到教育的灵感和智慧。三人行，必有我师，这是一句至理名言。

会议下午两点开始，我准时走进会议室，屏幕上没有会标。我突然意识到，这些年轻老师对做科研的规范意识和成果意识不强，没有会标怎么行？每次课题研讨会，就是我们研究的轨迹。课题研究要取得成功，固然需要正确的选题、扎实的文献研究、科学的调研设计、合理的问题假设以及周密的合作，但同样离不开课题资料的收集、研究过程的记录。我们经常看到这样的现象：课题研究者在研究过程中尽管付出了辛勤的劳动，但由于不注意研究过程中的资料积累,最终呈现给评审专家的只是简单的研究结论,结论佐证材料严重匮乏,从而影响了结论的可靠性。或者因缺少资料而无法结题,以致功亏一篑。我发现了他们的短板,必须马上指出,并要求这些年轻的老师们能及时改正。

接着,我们一起拿着申报书的初稿,边阅读边交流探讨,做得好的保留,做得不好的形成修改意见。我们一共探讨了五个问题。

(1)课题选题的准确性、可实施性。

(2)问题的提出。

(3)拟采用的措施与方法。

(4)课题前期已取得的经验分析。

(5)预期成果与价值。

其间,我们重点探讨了问题的提出。问题即课题,如果问题没找准,就会出现研究的南辕北辙。我询问负责这个板块的王雯老师和王艳老师,我们研究这个课题要解决什么问题?两个老师有点儿紧张,确实没答出来,我启发大家讨论。

黄军老师说,不能正常开学,只能居家防疫,研究的对策就是"停课不停学"的问题、"停课不停教"的问题。王雯受到启发,接着说道,家长如何配合线上教学的问题,有些家长不会使用现代教育技术,有些家长没有责任心,家长是否有焦虑心理,会不会及时督促学生学习,这些都是我们要研究的问题。樊小娟说,学生存在自觉性差、预习能力弱、不能主动学习的问题,怎样解决也是个问题。我顺势小结,大家找问题找得准,有课题研究的感觉了。接下来大家要做好课题的前期调查,摸清家长、学生、教师的具体情况,围绕课题主题,对教育情景中的真实问题展开研究。

一个下午,我和老师们形成了一个学习共同体,认真地研讨、客观地争论、真诚地表达、讨论修改的方向，不知不觉，从下午两点讨论到下午6点。会后，我问他们做这个课题最大的价值是什么？年轻的老师各抒己见：培养学生线上学习的自主能力，促进家长针对孩子居家学习的配合能力，激发了教师的研究潜能，丰富了学校对线上教学资源的开发等，从她们的回答中，我感觉到她们都有收获。

今天的研讨，或许只是现场参与的7位老师受益。未来，我们要让学校的每一个老师在课题研究中受益。

第98天　2020年03月17日　星期二

课堂阅读"教学评一致性"研究

　　阅读教学是终生的事业。听说读写最重要的就是阅读与写作的能力，这是需要终身培养的。为了提升课堂阅读教学的有效性，在"教学评一致性"大背景下，学校选择了"阅读教学评一致性"课题进行研究。

　　张菊荣在《"教、学、评一致性"三要素：目标、评价与教学》一文中指出，"教学评一致性，是课程与教学的基本逻辑，其基本要素是：目标、评价与教学。学习目标是课程与教的核心，教、学、评共享学习目标，才能达成"一致性"。学习目标设定之后，应设计用于证明目标达成的学习任务，即评价任务。评价任务的设计先于教学活动的设计，即"逆向设计"。教学活动应嵌入评价任务。若此，目标、评价与教学相互匹配，国家的课程意志才能转化为课堂的实际活动"。坚持教学评一致性原则，就是期待在课堂阅读教学的过程中，让教师的教、学生的学自始至终基于同样的评价链接，有效转化为学生内在知识的建构。

　　为了推动课题进展，作为校长需要用实际行动，对学校科研工作大力支持，所以，只要我有时间，就迫切地期待融入学校的课题研讨中来。参与研究的老师们都很年轻，以研促教，用课题推动青年教师教育教学能力的提升，不失为一条有效的途径。

　　吃完午饭，老师们短暂地休息了一下，就热情地投入课题研讨中，自己常常感动于老师们对工作的这种热情，是呀，年轻代表着无限可能，学校应该努力给年轻教师提供平台、创造机遇，让他们在职业成长的初期，感受到学校给予其专业发展源源不断的资源供给。诚然，课题研究之路，绝不会一帆风顺。在会上，关于课题的选题，就遇到了阻碍，初步拟定的选题是"阅读教学'教学评一致性'导学案的编制研究"，选题的题名受到了参会专家谢建萍老师的质疑，该选题的研究会聚焦到导学案的编制工作上，最终的成果呈现将会需要一本又一本的导学案，这就需要老师们在日常教学中，不断编撰导学案，在实际操作过程中，是难以实现的，因为老师们很难投入大量的精力在常规课中编撰导学案，课题要结题，这无疑加重了老师的负担，最终可能成为"伪课题"。

最后，在大家的认真讨论下，决定将课题研究的选题名定为"课堂阅读教学的有效性研究——基于教学评一致性原则"。

值得注意的是，我们一直在聚焦"教学评一致性"这一主题，没有聚焦阅读，课题的最终目的是阅读提升。阅读的本身也有自己的人文性和工具性，阅读是形成思维的材料。我们还应该思考阅读本身，小学阶段要让孩子形成哪些能力。阅读本身可以聚焦结构的阅读教学，课程模块的开发结构研究，锁定阅读目标，形成阅读的文化以及与教学评一致性的关系，这是需要进一步思考的。

做事就是学本事，成事成人，把事情做好，成就自己和他人。我希望在教务处和谢老师的带领下，协和实验小学的阅读工作能做出特色。

第99天　2020年03月18日　星期三

谁来写校名

履新到协和实验小学，我的前任陈静校长在移交工作时告诉我，因为学校大门重新装修，一直没有挂校牌。履新三个月以来，谁来写校名一事，一直挂在我心上。

寒假里，读潍坊广文中学赵桂霞校长的《建设一所新学校》一书。书里谈到了一个动人的故事，在该校举行的盛大的校名揭牌仪式上，让来宾们出乎意料的是，这所重点中学的校名——"潍坊广文中学"六个大字的题写没有邀请著名校友、社会名流、著名书法家，校名题写竟然出自学校初一年级的谭晔同学，这可谓是石破天惊。

我也常想，校名作为一个学校重要的文化资产，是首先映入眼帘的符号标识，是一个学校的门面、脸面，彰显着学校的文化底蕴以及历史厚重。因此，许多学校都会在校名题写上下功夫，邀请具有较大社会影响力的杰出校友、社会名流和著名书法家题写校名，成了学校的普遍选择。

但是，不仅赵校长给学生提供书写校名的机会，我曾刚参加工作的华阳实验小学的校名，也是由学生题写的。我记得华阳实验小学校名揭牌仪式也非常隆重，当五年级的小男孩欧阳双站在主席台上，揭开红绸布的瞬间，所有老师和孩子爆发出雷鸣般的掌声。这掌声的背后，我感受到了学校对孩子们尊重和信任，也感受到了当时华阳实验小学樊明建校长以生为本的办学价值取向和宽阔胸怀。

敢为天下先，敢于打破常规，学生题写校名的难能可贵，就在于这种改革的精神与创新的勇气。故事之所以动容，之所以让我们由衷地敬佩，之所以被大家广为传颂，是因为让学生题写校名，传达了这样一个理念：学校是学生的，学生才是学校的主体，学生的意见应该被充分考量，这不仅体现在细枝末节的微小处，更体现在题写校名这样宏大的学校历史叙事中。让学生体验实实在在的获得感和被尊重的需要，这是学校办学应该思考的。反之，一个懂得尊重学生，愿意把学生放在心里的学校，自然会在学生心中更有地位。

作为校长，我一直想把教育办到离孩子、家长、老师最近的地方，这次校名题写就从学生、家长、老师中间来一个大征集吧。我的想法得到了行政班子和老师们的支持，于是我们下发了校名征集令。

亲爱的协和实小家人们：

协和实验小学，作为双流区最靠近天府新区的学校，被寄予了发展厚望。现学校形象全新升级之际，我们拟向全体师生、家长征集校名书写软笔书法作品。

书法作品内容：成都市双流区协和实验小学。

要求：字迹清晰、辨识度高，字体不限。

奖项及评选办法：特等奖一名，一等奖两名，二等奖三名。请学生自主投票评选，特等奖获得者将受邀参加学校挂牌仪式。其他书写优秀者还将有机会参与学校其他场地命名的书写。

时间截至3月25日下午6点整。提交方式：电子扫描图片文件。电子邮箱：442312198@qq.com。

活动意义重大，感谢大家踊跃参与！

协和实验小学
2020年3月18日

入选者将会载入学校发展史册,我们共同期待此举能激发学生、家长、老师参与活动的热情,而且还希望这次征集能对学生进行一次深刻的教育和有形的激励。尊重学生的主体地位,这正是协和实验小学办"怡心"教育的价值。

郑明星在《从学生题写校名说起》一文中写道,"我们的学校将学生置于严格的管理之下,学业上拔高,高分低能,基本素质却停滞不前。学习了高深的数学知识,结果连基本的账都算不清楚。许多与生活息息相关的知识就这样被忽略了,忽视了作为人发展的基本能力。我们的教育更像是一种包办教育。家庭包办了孩子的生活,学校包办了书本上的知识。家庭中,孩子所做的事就是回家写好作业,社会生活在他们心目里并不存在。如此培养了让残疾母亲扫厕所供自己读研究生的孩子,培养了离不开奶瓶的学生,培养了将脏衣服邮寄回家的大学生……这不仅是学校教育的责任,也是家长的责任"。

让学生参与校名题写的做法,不仅是为了切实增强学生的主体意识,也是为了培养学生的自理能力。因此,学校应该鼓励学生自主化、多元化的探索,强化责任担当,并创造条件,凸显学生的自我价值。校名题写也正是基于此,从而传递了"学校是大家的,人人都是责任人"的办学理念。

一所"以学生为中心"的学校,让学生、家长、教师来书写校名,我们坚信这种做法是正确的。

第100天　2020年03月19日　星期四

履新100天

今天，距离我2019年12月10日履新协和实验小学刚好100天。100天前，双流区教育局突然通知我去参会，告知我马上调离双华小学，调任协和实验小学。没有任何的心理准备，我就带着满满的出乎意外和满满的依依不舍，离开了与老师、孩子们荣辱与共，生命相息五年时光的双华小学，踏上了协和实验小学的履新之旅。

100天后的今天，我又到双流区教育局找局长汇报履新工作。今天到教育局，我带着两份报告：一份是我对协和实验小学发展的五年规划初稿，另一份是申请足球特色课程的草坪经费申请报告。

规划中有我对协和实验小学发展优势、劣势、机遇、挑战的分析，也有我100天以来，与协和实验小学162位教职员工和2417位学生同甘共苦、肝胆相照，共同抗击疫情，追寻"怡心教育"价值主张，办学生开心、教师舒心、家长放心的文化定位。

记得调离双华小学，双流区教育局人事科领导告诉我，协和实验小学是双流区离天府新区最近的地方，发展前景非常好，局党组希望你去把这个学校办好，办成当地的一所名校。2020年2月19日，疫情期间，双流区教育局李局长到学校召开"怡心片区学校疫情防控及开学准备工作调研督导会"。会后，他鼓励我好好干，希望我以"教育家"办学的姿态，做好这所学校的课程建设，培养名师，成就名校。肩负众多期望，我对教育履新之旅，不敢怠慢。

履新100天，我每天都在日记里梳理这所学校教师的样态，学生的样态,家长的样态;反思学校的课程、课堂、教育教学规程的变革;收集家长、老师、社会的办学需求和建议。今天,我告诉李局长,这所学校,是一个和谐向上、积极进取、充满无限潜能的学校。我有信心与老师们一道在三至五年的时间里,把这所学校办成离天府新区最近的一所高品质的城市学校,办出"怡心"教育的个性,彰显"心湖"文化的特色,成为双流区小学教育的一张靓丽的名片,不负使命和担当。

我的第二份报告是申请足球特色课程的草坪经费。一个学校的发展,离不开硬件建设的更新换代。协和实验小学于2014年9月独立建制,塑胶操场已用了6年,到处是破洞,地基也倾斜,孩子们在活动时存在着安全隐患。另外,这所学校的特色课程是足球,近几年还真踢出了水平,作为双流区唯一的女足球队,在2020年7月代表双流区参加成都市青运会比赛,这是多么令人骄傲和自豪的一件事情。在足球比赛的动员会上,13个体育老师齐刷刷地给我这个履新校长提出了这样的一个请求,希望把学校的塑胶操场修建成足球草坪。老师之所急,就是我之所急。所以得向局长申请经费,解决这一个难题。

由于担心局长外出开会,9点之前,我就从华阳赶到双流区教育局。我是幸运的,局长刚好在,也在上班后第一个接待了我。履新100天的我,带着对学校100天的强烈融入感,满腔热情地向局长汇报学校的发展规划和所遇到的困难。李局长是个谦和的领导,耐心地听我的介绍,帮我分析遇到的困难,并答应下拨经费给协和实验小学做好足球草坪的建设,还鼓励我在课程课堂的建设中申报特色项目,推动学校特色发展。

汇报完工作,从局长办公室出来,我的内心充满了快乐。因为一个学校要办好,上级部门和领导对校长的支持是多么的重要。我由衷感觉到好时机、好领导、新起点、新学校。借用朋友的一句话,送给履新100天的我:一切该遇见的,终将来;一切到来的,都是刚刚好!

后 记

本书自2019年12月11日我正式履新协和实验小学第一天始作,至2020年3月19日完成初稿,刚好历时100天。所以,在整理出版之际,我把此书取名为《校长履新100天》。

第一天履新,就遇意外事件。学校三年级一班的一个孩子患甲型流感,因家长疏忽贻误最佳治疗时间而离世,让我非常震惊和痛心。面对失去学生而悲伤的老师和失去小伙伴而悲伤的学生,我再一次感受到"生命至上"的意义,也再一次深刻地领悟到教育"因生命的存在"才会美好的真谛。面对这次"流感"事件,我看到了已经好几天没有休息好的德育安全处的年轻老师紧锁的眉头、焦虑的神情,我告诉自己,我要和老师们在一起。

从早上到下午,我和老师们一起,对整班在家隔离的学生情况进行摸排填报;安排不符合隔离条件的班级继续上课,并做好教师和学生的卫生教育,提醒通风和消毒;还要接受市、区疾控中心,教育局安全科领导的巡防、督导、指导……我完全忘记了自己到的是一所新学校,与我共事的是我的新同事!晚上8点钟回到家,回顾履新第一天的经历,我忽然发觉,怎么履新的怯生和陌生感都没有呀,心中涌起的只有工作一天后满满的充实感，以及与新同事共事后，得到的一句"夏校长，谢谢您陪我们"的幸福感。

我想起学校大门口的一块石头上镌刻的一句话，"让每一个生命都绽放精彩"。作为协和实验小学的第二任校长，我突然萌发了把这所学校办成一所有人性、有温度、有美感、有故事的新样态学校的想法，同时，也萌发了写下自己履新100天故事的冲动，我想用行动研究的方法，把自己作为案例，去探寻新时代好校长应该具备的素养和能力标准，不辜负机遇和新时代。

这100天的经历，好像就在昨天发生，它是短暂的，有时梦中依然是双华小学的竹园。这100天，又是漫长的。因为，在这100天里，我和我的新同事们经历了百年不遇的家事、国事、天下事。学校流感疫情过去，我们又在寒假期间与全国人民一起抗击新冠病毒肺炎疫情。这个疫情来得更加凶猛和肆虐，全国人民在春节期间就开始了自我的居家隔离。学生健康状况、流动去向的摸排，学校开始了任重道远、期限未知的申报，但我们没有怨言，因为我们深知纪律与责任。延期开学，再延期开学，国家发出了"停课不停学、停课不停教"的号召。这次共同抗击疫情，打好这次疫情阻击战，把我和协和实小人紧紧地联系在一起。我们有一个共同的心愿，我要平安，我们要平安。于是，我们提出了"疫情期间，校长与老师在一起，老师和孩子们在一起"的口号，并付诸行动。我们秉承"怡心"教育的思想，把每一个学生放在心中，在疫情的不同发展阶段，根据学校师生的实际情况，积极调整变化着我们的课程内容和实施方式，让学生在居家防疫的不同阶段，能有所学，学有所获。

在疫情期间，我给家长和孩子写信，让大家在未来日子里坚定信心，让孩子健康成长，学习之舟将继续扬帆远航，校长妈妈会一直和孩子、老师们在一起。

信发了出去，收到了许多家长的反馈，他们也是带着满满的感谢和欣喜。这让我心怀满满的感激和满满的欣喜。从这封信中，我找到了我做十年校长的一贯风格，那就是立己达人、成事成人，促进他人的成长，让与你共事的人，感受生命的美好，感受生活的意义。让人欣喜的是找到了校长对待教育的温暖和人性。于是，我有了"把教育办到离孩子最近的地方，把管理做到离教师最近的地方"的坚定信念。

今天，我坐在窗前整理我履新100天的日记。看着一摞厚厚的初稿，心里不禁感慨万千。因为是工作日记，离不开新学校共事的同事，我写的每一篇日记，都有他们工作的身影和独特的个性，深表感谢。另外，还有在疫情中，与我"隔空对话"的家长和孩子们，他们按照学校要求，居家认真学习、积极锻炼，参与研究的视频、小报，让我看到了孩子和家长们对学校的爱、对老师的爱。我写的每一个故事里，都对他们表达满心的欢喜和期待。我还要感谢教育局的领导，他们对我履新新学校前的谈话，在我履新新学校中的看望，让我知道了肩上的责任与担当。

当然，我最想感谢的还有五个人。一位是清华大学公共管理学院谢矜副院长，感恩谢教授于百忙之中给本书撰写序言，对拙作的赞许，使我备受鼓舞。感动谢教授字里行间对我们初相识、再相知的回忆，点点滴滴、身临其境。感激谢教授对自己零散日记提纲挈领式的评述、条分缕析、方向渐明。一位是我20年前的同事，现在又成为同事的副校长刘勇同志。在疫情期间，他牵头学校的安全工作，从大年初二开始，就坚持待在学校，面对每天大量的学生、教职员工流向的动态数据统计，从没有一句怨言。因为他的担当和奉献，让我有更多的时间思考学校的发展规划。一位是党政办主任丽娟同志，从我履新的第一天起，她就始终陪同我熟悉学校，安排提醒好我每一天工作，细心踏实，节省了我许多时间和精力。一位是北京师范大学教育学部的学生张宇恒同学，及时给我一些工作的意见和建议，人虽年轻，但对教育充满了热情和向往，祝愿他能在以后的教育工作中有所作为。最后一位，是我的女儿华夏，教育学专业出身的她，让我知道了上阵也可以是母子兵，感谢女儿能"忍受"老母亲的叮扰，不厌其烦地为妈妈提供参考文献资料，并给予一些真知灼见，与我一起整理这100天的所思所想所感，希望女儿能坚守教育的初心，满怀教育的憧憬，懂得教育是"爱人"的学问，用一颗真心去回馈她所热爱的事业、挚爱的亲人、朋友、师长以及未来的学生……

本书题为《履新校长100天》。100天，三个多月的时间。三个月，是一个好习惯养成的周期。履新校长应该养成怎样的治理习惯、教研习惯、课程建设习惯呢？现在社会上都在关注如何办好一所好学校。其实套用一句话，山不在高，有仙则名；水不在深，有龙则灵。只要有一个好校长，带出一批好老师，那一所好学校就办成了。日记中每天带着老师们积极工作，对文化的研讨，对课程的发现，对课堂规程的研究，对家校工作的平台搭建等，特别是在这次百年未遇的疫情防控工作轨迹背后，为什么做，怎样去做，做得怎样，其中涉及的理念、思想、动机、思维方式，应该就是当代校长该有的核心素养，那就是，爱与力量。

领导科学专家佛斯特（B. Foster）精辟地分析道，领导是为了追求更完美的联合，而把人们彼此紧密联系起来的一种能力。领导，是一种意见达成工作，是一种观点分享和一种责任分担。一个领导者，只有在作为领导人的时刻，才是领导人，领导实施，只有在被追随者认同时才有效，领导存在于团体寻求自身意义的奋斗中。成书的过程，已让我深深地体会到了此话语的价值与意义，也看到了此书对于每一个当了校长，或者未来是校长的同仁共勉的价值与意义！

同时，在日记的前部分，收集了杜芊、樊小娟、高华群、胡涛、黄军、蒋维维、马钰（家长）、翁源、王雯、王娟、徐葽、袁乙洁、叶丽娟、汪抗战、曾丽（家长）等我校老师和学生家长的教师日记及感悟，在此一并深表感谢。

本书在编辑出版过程中得到了四川大学出版社梁胜老师的大力帮助。他在编辑时多次与我沟通交流，给我提出许多宝贵意见和建议；他耐心地编辑审稿、细致地对文字进行校对，令拙作增色不少。其认真负责的敬业精神，让我深深感动，在此表达我深深的谢意。

由于水平有限，本书难免有疏漏和表达不够准确之处，诚请读者指正，期盼大家的宝贵建议。

夏雪梅

2020年9月